TAIWAN

Where Our Soul Anchored

台灣精神的淬煉

陳銘堯 政論集

詩人作家的良心政論

《民報》創辦人、民報文化藝術基金會董事長
陳永與

陳銘堯兄是一位知名的詩人，出版不少詩集。喜愛文學的讀者對他的詩作應不陌生，他寫詩的態度是真誠的探討人生、生命、靈魂，也關心環境、生態、社會，對人性的深切反省和對人類的熱愛是他寫詩的原動力，也讓他能長期堅持著詩人的良心召喚，不隨波逐流跟隨時尚起舞。

這本《台灣精神的淬鍊》可能是陳銘堯兄第一本政論文集，我創辦《民報》以後接到銘堯兄寫的政論投稿，真是大吃一驚，沒有想到詩人作家的他，寫起政論文章也是一流的文筆。可見他平時對現實社會的政治、經濟、選舉、媒體、輿論的觀察細膩入微，甚至對台灣前途、統獨論戰、民主法治、國際局勢的關心也絲毫不落人後，絕不像有些文學作家不喜歡碰政治或自鳴清高，以為文學藝術只追求美而不追求真與

善。銘堯兄顯然是一位真、善、美兼顧的文字工作者，他不只有詩人敏銳的感受，更有知識分子關懷國家社會的勇氣，和哲學家追求真理和是非善惡的選擇，讀他的政論文章確實是一種台灣精神的淬鍊，也可以說是每一個台灣人必須面對的自我認同和對台灣未來的抉擇，作為一個有良心的詩人，我想這本政論文集是銘堯兄最好的時代見證，也說出了他作為有反省能力和批判能力的讀書人真誠的心聲！

銘堯兄的政論選集文章內容涉及範圍很廣，可見他關心很多周遭的事務，不是躲在象牙塔中的貴族作家，相反的是他常站在平民百姓的立場以台灣人的痛苦為切身感受，反映一般民眾的心聲，他卻又有比一般人更深刻的反省，不會媚俗取寵跟隨權勢或輿論製造者起舞，也不會去唱和盲目的流行觀點。他有是非真理的判斷標準堅持台灣人該走的道路與方向，也就是他所謂「台灣精神」的淬鍊，就是他這本文集的靈魂和指標！我相信讀者從他的文章中可以體會他的苦心和對台灣人民的良心呼喚！

今年四月，我結束了經營《民報》八年的任務，將《民報》交給太陽花世代的年輕團隊繼續經營。之後我們想將《民報》八年來優秀作家的精彩作品，整理成系列文集陸續出版！邱垂亮教授和銘堯兄是其中兩本先行出版的個人選集，作為給讀者們值得紀念珍藏的《民報》禮物，希望能得到大家的共鳴！

二〇二二年九月五日於台北

自序

二〇一九年一月初，我在一個群組裡和朋友談論時事，被時任無任所大使的楊黃美幸大使看到，認為應該讓更多人看到，所以將這篇文章（其實只是一個和朋友分享的意見）推薦給《民報》。承蒙陳永興社長和劉志聰總編輯不棄，把這篇沒有當政論來寫的「政論」刊登出來，並獲得許多迴響。想不到我從此在三年多期間，竟寫了超過一百五十多篇所謂「政論」的文章。我不知道什麼樣的文章才算「政論」，也不知道水有多深就「撩落去」。以前黨外雜誌，賣的人要偷偷地賣，寫的人要偷偷地寫。我以無比憂憤的心情讀著那些殺頭文章，當然也把那些書生當做英雄一般崇拜。一面就繼續當一個「有耳無嘴」的老百姓，感覺上好像把台灣的民主和自由，託付在這些敢造反的「秀才」身上。戒嚴讓我們感到政治無所不在，而我們卻反而離政治好遠好遠！

台灣雖然早在一九八七年七月宣布廢除戒嚴法，一九八八年一月開放報禁，人民有了言論自由，但是思想好像還受到無形的禁錮。因為外來專制政權共犯結構勢力仍在，戒嚴統治遺毒對人性造成的扭曲一時難除，台灣人民在思想上並沒有真正得到解放。但是民主洪流沛然莫之能禦，街談巷議指點江山，誰都能說上兩句。以前不敢批評警察、公務員，現在只要罵得有理，就算有點太兇，總統也讓你罵。這就是民主的街談巷議吧？至於這些街頭巷議有沒有被當權者聽到，有沒有被採納或引以為戒，那就是另外一回事了。這三年多的書寫熱情，正是解嚴後民主洪流找到一個出口的噴湧。這些所謂的「政論」，也無非是草民的街頭巷議罷了！選戰期間，熱情過度頭腦發燒，言論難免過激。因政治立場不同而黨同伐異，也是民主常態。這是台灣民主政治發展不可避免的陣痛，也是台灣充滿生機的社會動態。今天台灣就是這樣一步一步走過來的。只要堅持民主法治原則、信仰良善的道德標準、以台灣國家利益為重、向現代化邁進，久而久之，相信我們終將共同建構一個美麗的新台灣。

台灣原住民在台灣這塊土地上，已經繁衍了幾萬年。四百年來西班牙人、荷蘭人、無國籍的海盜、福建人、廣東人、滿州人、日本人、美國人、還有戰後來台的中國各省人，來來去去，台灣還是台灣。留在台灣的，都是台灣人，我是這樣看的。對岸的中共，說台灣屬於中國，台灣人是中國人，不知道根據什麼道理。今天的世界跟台灣關係最密切的就屬美國、日本、中國和歐洲，台灣成為民主國家的歷史，無法倒退。所以和同為民主國家的美國、日本和歐洲，自然會成為心靈契合的盟友。

一九一五年五四新文化運動後，歷經多少革命和動亂，中國仍然沒有成為民主國家。看到今天中共統治下的中國，民主自由不但沒有前進，反而倒退，這是中國人民的大不幸。我們只能希望中國人民有勇氣和智慧，重拾一百年前五四運動未竟的志業，走上歷史正確的發展道路。共不共產，早已不是問題，民不民主才是問題。違逆世界潮流，以全世界強國為敵，將帶給中國人民巨大的災難。我對中國的街談巷議，或許只能算是不自量力的人道關懷吧！我本文學人，內心是柔軟的。

目次

詩人作家的良心政論／陳永興／003
自序／005
平凡不平凡：台灣人的選擇／013
追思李登輝，扛起十字架／017
台灣人選總統應有的國際視野／021
達爾文寓言：維持現狀、天堂或地獄／024
破解後現代柯文哲魔咒／027
超現實寓言：人心難測，追悔莫及／032
鳳麟龜龍考：
中國四大神獸，只有王八是真的／035
五濁惡世中的一股清流／037
維持現狀vs.務實台獨／041
賴清德的真氣何在／046
殭屍蝸牛！／049
27.4%何去何從？／052
走火入魔的中間路線／055
枷鎖重重的台灣人／058
作為台灣人的痛苦／061
賴清德必須做自己／063
台灣命運的死結／065
台灣民族的魔考與淬煉／069

「總統無恥，是為國恥」？／072
破碗破摔，歲歲平安／074
民進黨到底怎麼了？／076
期待一個良性發展的兩黨政治／080
武漢肺炎是天災還是人禍／082
天怒人怨／086
二二八的荒誕戲碼／089
台灣牛身上的燙金烙印／092
借屍還魂話中華／094
革命的悲劇和救贖／097
報格．黨格．國格．人格／100
台灣人民就職宣言／105
「務實的台獨工作者」注／108
還台灣政治一個清明／111
九二共死／114
中國瘋了嗎？／117
謊言效應／121
雙城怪談／124
兩國論vs.一國兩制／127
國民黨的困境與危機／130
中國或台灣？／133
法律的上限，道德的底線：
兼論文人的曲筆／136
改名不如革命／140
台灣人的心防／143
為匪宣傳是不是言論自由／147
引狼入室的交流／150
看看美國想想台灣／155
新納粹的危險遊戲／158
困獸猶鬥／161

敵我不分，亡國在即／165
一齣主角缺席的百年歹戲／168
國民黨主席應有的格局／172
俠與黑／176
誰是麻煩製造者？／180
中國崩潰已經開始／183
台灣獨立的條件／188
可以做不可以說？／193
血肉長城／197
從《斯卡羅》到台灣新共和／200
台灣精神獎的省思／204
現代化與台灣精神／207
機會之窗／211
為誰而戰？為何而戰？／215
蔡英文總統的第五個堅持／219
中國腦筋為什麼轉不動？／222
這一代中國人的歷史任務／226
賊星該敗／229
習皇帝的末日中國人的希望／232
民眾黨命懸一線／235
混蛋邏輯／238
接受淬煉吧，台灣人！／242
台灣人要相信自己／245
狗的聯想／248

平凡不平凡：台灣人的選擇

如果以李登輝和彭明敏為例，台灣讀書人在國民黨統治下，大多數人合乎人性和常情的人生選擇，會是李登輝的選擇，而非彭明敏的選擇。從台灣社會現實狀況看來，也是如此。江湖道上有句江湖話：「世俗人做世俗事」，這是半勸半威脅的兄弟「氣口」。勸人不要充英雄「展氣魄」、不要太有個性、太死腦筋，識時務者方為俊傑。這句話在政壇一樣值得玩味，對自己也一樣有說服力。

然而奇怪的是，很多台灣人選擇不做「世俗人」，也不做「世俗事」。他們選擇的卻是「較少人走的路」。他們的道德感和價值觀，和國民黨格格不入，激烈一點的甚至還會瞧不起投靠國民黨的台灣人。這些人遍佈海內外，但是尤以在美、日、歐洲台灣同鄉會、台獨聯盟、FAPA、NATPA等組織的台灣人社團，最為鮮明突出。當台灣島內的台灣人被國民黨的戒嚴和白色恐怖統治，壓得喘不過氣來的時代，他們在海外替台灣人發出正義之聲，並且出錢出力，為黨外民主運動添柴加油。這樣對國民黨抗爭的歷史，血淚斑斑。相信很多台灣人，親身參與了這段歷史，他們的感受最為真實而強烈。

然而歷史就是歷史，現實就是現實。任何意志改變不了歷史，任何語言也改變不了現實。我們只是想在歷史的迷霧中，找出正確的建國方向，並建立真正的台灣精神。評論誰高誰低，不是我們要從歷史學習的最重要而有益的角度。對個人來說，有理想總比沒理想好，有志氣總比沒志氣好。但涉世日深的人，難免感嘆，人生多變化，形勢總是比人強。任何選擇都會碰到始料未及的變化，以致於很難判定哪個選擇一定好，哪個選擇一定不好。個人的選擇如此，對國家方向的選擇亦復如此。回顧人生路途，我們曾經做過多少錯誤的選擇。有誰知道後來會怎麼樣？個人的人生，自己負責，自己高興就好。但是國家政治的選擇，往往極度複雜而且兩難。路線分歧也因而產生。國民黨的高壓統治，給了台灣人一個人性弱點的考驗和魔鬼的試煉。台灣人的建國路應該怎麼選擇？

李登輝的選擇，有誰料得到最後會是這樣的結果？恐怕連他自己也一樣始料未及。但是從結果來看，進入體制內改革，他做到了其他人做不到的寧靜革命。各種因緣際會和必然發生的偶然事件，以及國內外政治情勢發展，讓他得以登上高位一展身手。但是在政治險惡的風浪中行舟，他的好學深思和宗教信仰，使他具有一個行穩致遠的「立身之軸」，讓他能夠在險惡的政治環境中，站穩腳步不致翻覆。九十八歲的人生歷程，和台灣的命運之舟一起，就這樣令人讚嘆地走過這片歷史的大海，而且還會一直走下去。說他是「政治達人」，一點也不錯，但是我更喜歡他是個「讀書達人」。儒家讀書人「修身齊家治國平天下」的理想，沒有人像他那樣給出了一個精采的典範。他的魅力其來有自，很少人不被吸引；他的光芒，掩蓋了其他長期從事民主運動和對抗國民黨惡勢力的「黨外人士」。但是我特別要說的是，台灣歷史不可能再有第二個李登輝。但是，中國霸權併吞台灣的威脅一日不除，台灣一定會有千千萬萬個彭明敏出來。從歷史得知，天賦人權只是一句口號，民權必須由人民自己爭取。台灣建國需要一條頑強有力的背脊骨，這條背脊骨就是彭明敏這種人所代表的選擇：剛直、正義、不屈不撓的反抗精神。如果偶而從中出現李登輝一樣通權達變的「政治達人」和「讀書達人」，能以同樣的背脊骨，做為行舟風浪中的「立身之軸」。兩者缺一不可，那當然是更為完美的建國典範。

在崇仰李登輝精采的典範，和仰望其耀眼的光芒之際，我們也不要忘了黃信介、高俊明、鄭南榕、林義雄、蔡同榮、陳唐山、彭明敏、魏廷朝、謝聰敏、李遠哲、陳定南、吳澧培、廖述宗、陳永興、楊黃美幸、郭倍宏、曹興誠、陳水扁、辜寬敏……這些無法一一贅述的志士。更重要的是像我們一樣默默無聞的偉大台灣人，這才是台灣能走到今天的基礎。自由和民主不是蔣經國賜給台灣人的，也不全是李登輝的賜與，我們要鍛練自己像李登輝和彭明敏等人一樣智勇雙全的台灣精神。

台灣人必須在歷史中學到不以短暫的人生成敗論英雄；學到如何在兩難中以更

高的人性和神性為精神標竿，做出高瞻遠矚智慧的選擇；面對霸權威脅，絕對不可喪失反抗的骨氣和意志。今天台灣政壇有人乘太陽花之勢而起，沒有多少真功夫、真學問，語言空泛浮誇、沒有立身之軸又缺少台灣背脊骨，妄想以他那花拳繡腿的三腳貓功夫，去和中國交手，實在讓人替他也替台灣捏一把冷汗。看看李登輝，看看彭明敏，掂掂自己的斤兩，台灣命運真的不是可以讓他這樣的人拿來隨便玩玩的。他老婆還說得出：「了不起回家讓她養」，用這樣的心態在玩政治，你不覺得可怕嗎？

二〇二〇年八月七日

追思李登輝，扛起十字架

九月十九日在真理大學禮拜堂舉辦了李登輝的追思會。會中原音重現李登輝生前留給台灣充滿慈愛的遺言：「我已經年歲很高，什麼時候會離開我心愛的台灣不知道，未來都要靠你們。我李登輝這輩子，今天是最後的一次，要跟大家拜託拜託，台灣要交給你們喔。祝你們大家平安！台灣平安！多謝！多謝！」

在充滿矛盾而且複雜多變的政局中，被上帝跟蔣經國揀選，扛起台灣這個十字架的李登輝，雖然坦坦蕩蕩、無我無私，但是要想中肯而深刻認識李登輝，並不是那麼容易。原因無它，生命領悟境界的不同而已。如果懷著各種偏見和我執在看作為總統的李登輝。既看不準真正的李登輝，也看不清台灣的路。

就像他留給台灣的遺作《為主作見證》中曾經提到的對死的思考：死亡是生命的完成。在追思和閱讀中，我才深刻領悟到他的生命的境界。這本書要以求道的心去讀，而不是從政治的知見去看，才能認識在政治衝突中，作為一個人的李登輝，而不是作為政客的李登輝，並從中體會他的政治哲學的來龍去脈，從中得到最真切的啟示，看清台灣未來的道路。

一個偉大的政治家的養成，要從人格的養成作起。李登輝自述他十五六歲就發現自己有太強的自我，而思考「人」是什麼，「我是誰」？當然這個問題也不是那麼容易就可以得到答案的。好學深思篤行的他，要歷經幾十年的人生後，才從聖經的加拉太書得到啟示：「我是不是我的我，而是耶穌進駐生命中的我。」佛教把去除「我執」當作修練的功課。但這常常是窮盡一生而不可得的難題。人怎麼可能沒有自我呢？不要說去除我執違反人性所以很難做到，即使做到了，那麼沒有我執的心，就像沒有家長的家，能拿什麼主意呢？靈魂和肉體的關係，也就是心靈與物質的關係，他也在毀滅性的戰爭中，思考了客觀唯物論的思想，歷經十年之久。所以他不是純粹的理想主義者，而是揉合了理想主義和客觀唯物主義的「實踐主義者」。以奉行上帝公義為指引，「我是不是我的我」的深刻領悟，昭然若揭。他的這層修練，可以說是將來成就政治功業的基礎。蔣經國選擇他，而非林洋港；宋心濂、蔡鴻文、八大老、蔣孝武、宋楚瑜等等乃至大多數國大代表和黨外人士支持他，這是人家看到他的誠實無我，也看到他對蔣經國的忠誠不欺。不欺者何？不欺己心而已。對政敵，他不懷恨也不記仇。因為他知道人性有多脆弱。「行公義、好憐憫、存謙卑的心與你的神同行」。這絕非空談，而是幾十年修道的實踐之路。他說：「要下定決心時，就必須看清如何超越自我，不斷正視超越自我存在的事物。這種意識自我充份發揮時，是非常重要的。」這就是他這個「實踐主義者」的心法。有人以日本武士道的義理和修練，來解讀李登輝。我認為是不夠的。

提到對蔣經國的忠誠，我們不能以中國宮廷思惟來理解。李登輝提到中國帝王都以「寡人」自稱，李登輝說他不是「寡人」，他與上帝同行。而且以往的王朝，都從一家之私出發。他說蔣經國去逝時，沒有留下遺言。但是生前曾說：「我是台灣人」「蔣家人不會接任總統」。李登輝認為這就是蔣經國給台灣的遺言，這是蔣經國要台灣本土化和民主化的遺願。李登輝政治上的努力，就在奉行這個遺願。這就是他對蔣經國的忠誠，一種不是建立在王朝私心上，而是建立在公義上的忠誠。蔣經國晚年，在國家的大方向，和知人善任上，顯現了他的無私和睿智。所以他和李登輝能合作無間，相處融洽。只可惜還是有很多政客，無法體會蔣經國和李登輝的心和思想。日後的一些政治紛爭，可說是生命境界，心靈境界層次不同的紛爭。台灣也還會不斷面臨同樣的挑戰，這是心靈的問題，人性的問題，不是種族的問題，或共產主義的問題。

對台灣的獨立之路，李登輝的認知是：「只要能夠實施民主，推動本土化，這就是獨立了。」台灣雖然有了初步的民主制度和形式，但是有很多人還是沒有民主素養，甚至有人利用民主反民主。至於「本土化」，他引聖經中葡萄園的故事為例，葡萄園必須經過辛勤的耕作，才能產出豐盛的果實。而這豐盛的葡萄，必須由辛勤耕耘這片土地的人所收穫。不能自己不耕耘，卻去搶別人的葡萄。以前台灣有人竟敢大言不慚說要「能撈就撈、能混就混」，甚至更惡劣的中共，無時無刻都在想搶台灣這個葡萄園據為己有，每天挖空心思都在偷台灣的技術、人才和資金，上帝早就看破這些惡人的壞心腸和惡行。現在美國和世界先進國家都認識到中共這個惡霸的真面目，開始對中共進行反制。

台灣的獨立之路，除了「民主化」和「本土化」之外，我認為台灣人要辛勤耕耘的，不只是土地。台灣人必須像李登輝一樣，以更大的努力認真耕耘自己的心靈。有強大而善良的心靈的台灣人，才是建立美麗的台灣國的保證。李登輝這個一代人傑，已經成就了他的生命，他留給台灣的是一個珍貴的生命的典範。

二〇二〇年九月二十一日

台灣人選總統應有的國際視野

不管要獨立或要維持現狀，甚至有極少數的人要統一，台灣人選總統，也都應該要有清晰的國際視野，才不會做出愚蠢的選擇。儘管是台灣國內的選舉，但是我們在地緣政治的戰略關鍵位置，和殖民文化移民的影響之下，使得我們無法擺脫大國政治的衝突和擠壓。但是從二〇一八年的選舉結果看來，台灣選民似乎對國際大勢，不是完全無知，就是完全輕忽。這固然應該怪罪中國的滲透和宣傳，和中國國民黨的傾中媚共，但是蔡英文執政團隊，對中國滲透應對無方，以及對川普新政的反應遲鈍或怯懦，也難辭其咎。如果這是蔡英文和其團隊的政策決斷，那就更讓人擔心和懷疑。如果台灣人在其領導下，沒有強力的抗敵意志，我們如何能期待美國、日本和國際肯為台灣犧牲他們國人的生命呢？川普的好友和顧問班農，就曾很含蓄的說，希望台灣能有一個strong leadership（不說leader）。據一個和班農熟悉的友人的可靠描述，之前班農很願意來台並幫台灣說話，但是蔡英文不敢接受。除了給美國人留下蔡英文懦弱的印象，更糟糕的是對蔡英文的不信任。

首先，對美國政策戰略轉向，和可能作為從一本書《讓美國再度偉大的重整之路，將帶領世界走向何處？》（時報出版社，二〇一七年三月出版，主要是川普競選演講滙整其治國藍圖和處理外交的基本原則。）可以大致上了解美國現在和將來的作為。有文章摘要地說明了這本書，其重點不外：（一）中國已經從戰略夥伴，轉變為敵人。（二）美國不願被「一中政策」束縛。（三）美國在亞太地區的核心利益是保證航行自由、威懾中國軍事冒險、防止單方面領土吞併，而美國與台灣發展更密切的軍事關係，將是維護美國核心利益的關鍵步驟。（四）美國國務卿提勒森表示，「我們必須再次重申『台灣關係法』與『六項保證』向台灣許下重要承諾，讓台灣清楚知道我們會履行承諾。」但是川普在書中表明「如果我們要出手介入紛爭，那就一定要有直接威脅我國的理由。」而且一再強調，誰需要美國軍事保護，誰就應該分攤花費。（這是當然的道理）但是台灣就是美國亞太地區核心利益的關鍵，正如前述，這一點不容質疑。至於分攤軍費，我們本來就在分攤。甚至更重要的是，我認為台灣人保家衛國的戰鬥意志，才是美國人更重視的考慮。

總而言之，美國無法容忍中國在亞太地區與之爭霸，這才是川普政府重新審視美中關係的原因。川普的原話是：「有人希望我不要把中國人說成是我們的敵人，可是他們就是我們的敵人。」這樣的訊息，對台灣人難道還不夠清楚嗎？雖然美國人不會在這個時候表示支持誰，但是我想他們對國民黨候選人的傾中是非常有疑慮的。對蔡英文和賴清德，我猜也可以猜得到，他們會比較欣賞賴清德。光以他敢以一人挑戰蔡英文和整個民進黨中央這個勇氣來說，是不是和川普很像？

另外，從中國在國際的處境來說，因為文章篇幅有限，在此不擬長篇大論。有一個旅美評論家吳祚來寫了一篇很精采的專欄「被小國挾持　被大國壓制　被盟友利用——習中央的軍國主義全面破產」光標題就可知大半，所謂小國是北韓、菲律賓、越南等，所謂大國主要是美國，而盟友則是蘇俄和一帶一路眾多國家。文章列舉中國強勢崛起和自掘墳墓的愚蠢，現在美國已經開始用提高進口稅開打，料想這將是中國經濟崩潰的開始。如果經濟崩潰，中國習近平以來的種種戰略就無以為繼，而且可能導致內亂政變。美國現在兩黨一致支持川普政策，表示他們把局勢看得很清楚。台灣人還看不清楚大勢的話，那就真的是眼瞎心盲，猶不足以形容了。

二〇一九年五月十四日

達爾文寓言：維持現狀、天堂或地獄

蚯蚓一族，生生世世活在泥土中，吃著泥巴，過著暗無天日備受拘束和壓迫的日子。奇怪的是，這種悲慘的日子過慣了，代代相傳，竟然每隻蚯蚓對這種悲慘的命運都習以為常，安之若素。

但是不曉得什麼時候，從什麼地方開始聽到一個傳言，繪聲繪影描述著天堂一般的地面世界。說那裡有藍天白雲和青山綠樹，自由的空氣飄著花香。在那裡肢體可以自由舒展，在仙女的歌唱中跳舞，陽光普照溫暖大地，世界一片光明，萬物生機勃發，呈顯瑰麗的色彩。這些聽起來實在太神奇、太美妙，實在超乎一隻蚯蚓的想像。

聽到這個謠傳，蚯蚓一族，人心惶惶開始騷動起來，蚯蚓族長不得不出來說話了。他（她）警告大家，說那不是天堂，而是地獄。在上空有一個吐著火舌的惡魔，不但烤乾大地，而且把人活活燒死。有時又降下大雪，把萬物凍死，有時狂風暴雨成災，造成洪水土石流，甚至常常危害到我們地下安穩的家園。而那所謂唱著歌的仙女，其實是長著刀鋒般的利爪和尖嘴，隨時會從天而降，奪人性命的妖怪。它還以蚯蚓為美食，就等著不知死活的蚯蚓爬出地面，大快朵頤一番。大家千萬不要相信謠言，被那虛無縹緲的天堂所惑，白白送了一條小命。

大家想一想，這樣說也有幾分道理。就算那天堂很令人嚮往，但是所冒的風險實在很大。現在日子雖然過得不盡如人意，但只要忍耐一點，維持現狀，大家照樣吃得肥肥的，安然過著不死不活的日子。只要不去多想，睜一隻眼閉一隻眼，反正習慣了就好。

天堂或地獄只存在於人們的想像中，而且僅僅是想像。即使你身處地獄，如果不特別去思考，久而久之，你就會習以為常。那麼即使天堂真的存在，於你何有哉？而這也是為什麼蚯蚓永遠是蚯蚓，而且永遠活在泥土中，吃著泥巴過日，沒有得到進化的原因。

達爾文正解：

統一或獨立，互為天堂與地獄的想像，是政治角力的現在進行式。維持現狀是強國壓迫下，政客欺騙子民的麻醉劑。和答應香港人五十年不變一樣，是獨裁帝國主義的迷幻藥。現狀其實一直在改變中，中華民國早就死亡，但是陰魂不散，附身在台灣人身上，既不上天堂也不下地獄。台灣人只有用全民公投來超渡中華民國亡魂，讓他死得明白，早日昇天，還給台灣人一個活人應該有的生命。世界有一百九十幾個國家，不管多窮多落後，都具有國際人格的存在和尊嚴，再弱小也受到國際法的保護。我們台灣人要永遠維持現狀，不死也不活，每天忍受大國的壓迫和小國的要脅嗎？至於活在台灣享受台灣福利的中國人，你們盡可想像你們的祖國天堂，但是我們台灣人想的和你們不一樣。不管你要上天堂或下地獄，我們就不跟了，也拜託你們不要再亂了好嗎。期待新的一年，讓台灣走向正常的國家，大家可以安居樂業，過一個正常人該有的幸福日子！敬祝大家新年快樂！

二〇一九年二月四日

破解後現代柯文哲魔咒

二〇一八選舉民進黨大敗，檢討起來原因很多，但是最讓民進黨傳統支持者無法理解的是，在他們看來是政治背叛者，用無厘頭的小丑政治表演術，居然輕易打敗他們一輩子堅信不疑、為之奮鬥犧牲奉獻的價值堅持，這是什麼道理？

台灣經濟起飛的年代，日本趨勢專家大前研一曾經寫了一本《台灣爆發力的祕密》，讚揚台灣的經濟奇蹟，最近卻針砭台灣，認為台灣現在陷入集體不思考、集體不學習、集體不負責的低智商社會。但是，這也沒辦法解釋為什麼台灣會有這個現象，台灣年輕人到底在想什麼？可怕的是他們亂投票，也不必負責。

台灣現在二十到四十歲的年輕人，也就是在一九七八到一九九八之間出生，而在一九九八到二〇一八成長起來的世代，他們對一九八七解嚴前，甚至解嚴後，民主前輩們對國民黨殖民獨裁詐騙政權壯烈抗爭的血淚史，沒有參與，也大多沒有切膚之痛，而在他們成長的時期，也正好是法國思想家利歐塔在一九七九出版《後現代狀況：關於知識的報告》為始，諸多後現代主義及解構主義思想家，一面深入觀察研究後現代社會現象，一面整理組織思想體系，交互影響作用於社會的時代。

台灣社會雖然思想落後於歐美，但是物質社會的發展，隨著地球扁平化和工商業活動，以及電影電視網路傳媒的普及，卻幾乎和歐美同步，這些年輕人可以說是在後現代社會狀態下成長起來的。因此用傳統思維完全無法理解的現象，從後現代主義的角度來看，卻昭然若揭。我想舉出幾點，供大家一起思考：

一、後現代主義懷疑論對「宏大敘事」及「元敘述」的懷疑和否定：對國家統獨藍綠爭端等宏大敘事和基本價值等大道理，柯文哲一貫採取揶揄嘲弄懷疑否定，就迎合了後現代社會的年輕人的口味，選市長他可以說這不是市長該管的事加以閃躲；一旦要選總統，那他就無法閃躲，必須提出宏大敘事和元敘述，而這一來，他就會陷入後現代主義的懷疑和否定。即使提得出清楚的論述，偏統親中無法拉走國民黨支持者，偏獨親美無法拉走綠色選票，不統不獨沒有明顯市場區隔，想組黨也一定提不出清楚有力的黨綱這是他的致命傷。

二、各種碎裂的身分認同，取代傳統大分類的身分認同產生各種膚淺怪異卻很執著的小團體和私人語境，形成一個無中心的後現代世界。柯文哲怪異行徑投合了各種網紅柯粉的口味，但是如果要成立政黨，如何整合這些怪異而自行其是的分子？誰願意拋棄自我，誰願意為不同身分、不同理念、互相排斥的人眾戮力從公？即使能組成政黨，這也將是他自我裂解崩潰的開始。

三、以前用來敘述符代物體和真理的語言和文字，現在被解除了等同關係，即使是科學論述的語言，也被認為是構成權威的語言。語言敘述構成的權威被懷疑解構，但是，奇談怪論顛覆傳統的巧妙語言，卻成了他的利器，柯文哲可以說是扭曲語言的能手。但是言多必失，話說得越多，扣分越多。有一個諺語說，騙子騙到最後，連自己哪句話是真的都搞不清楚，柯文哲到最後一定是不知道自己在講什麼。當小丑取悅觀眾，胡說八道，觀眾不會認真。一旦談國家大政那就由不得你亂說了，所以，我也看到他開始左支右絀，無法應付自己那張嘴了。

四、隨著工業大量生產，產生價廉普及的普普藝術市場和風潮，加上以假亂真的模仿戲仿，從科學怪人、生化人、機器人的想像和實踐，到電子遊戲的虛擬世界，傳統執著的真實世界，在年輕一代的意識認知裡，有不同的感覺。你越否定他，他就離你越遠。柯文哲善於利用這個現象，時常做亦真亦假的發言，迷惑年輕人，姑且不論虛擬世界的飄忽不定，真的假不了，假的真不了，在實際政治操作上，一旦民進黨派出許多類似多樣的代言人影武者來爭取年輕人，那麼柯文哲也不是唯一品牌。這也不一定要總統院長親自出馬，網路聲量是變動不居的，也很容易操作的。如何操作這一塊，又不喪失自己的基本盤，對民進黨來說，應該不難。

五、有如瑪丹娜扮演自我作踐的下賤妓女演藝，一方面諷刺摧毀道德權威，一面卻建立商業利益權威，這手法也隱含了對「宏大敘事」、「元敘述」以及「中心」的解構，另一方面得到各種怪異身分異議份子的認同。柯文哲的表演術就與此有異曲同工之妙，但是總統選舉不是小選區小眾少數票就可當選，他必須得到普遍各種選民的認同才行，如果柯文哲做這樣的表演，那我敢保證，他只能在藍綠夾殺中得到一個不是那麼認真投票的少數選民的支持。

柯文哲是不可打敗的嗎？我不認為如此。對柯文哲魔咒的破解之道，也就在後現代主義自我否定、自我矛盾、自我分化的基因中可以找到。

只要根據上述原理，了解其罩門所在，掌握適當時機，加以反擊，以子之矛攻子之盾，民進黨人才濟濟，應該不難見招拆招，加以迎頭痛擊，民進黨不應該一味高估柯文哲，被他訛詐，予取予求。大家應該也很容易判斷，他組黨就是自我毀滅、自我矛盾、自我分裂的開始。

如以去中心化這一點來看，賴清德辭去政府職務，正好離開被否定的中心身分，可能是勝選的一步好棋，我個人支持他出來打這一仗。

二〇一九年一月二十二日

超現實寓言：人心難測，追悔莫及

這是一個真實的故事。有一個世界頂尖的德國蛇類專家，認識世界上每一種蛇。他旅行世界各地，試圖找到他所不知道的新物種。但是，他真的沒有碰見過他所不知道的蛇。後來聽說東方有一個奇蹟之島，葡萄牙水手稱之為福爾摩莎，那裡有別的地方沒有的特有種。更令他好奇的是，聽說這個島盛產各式各樣的變色龍。既然同屬爬蟲類，料想或許會有意想不到的蛇類繁衍也說不定，於是來到這個奇蹟之島一探究竟。這個島真的很奇妙，也真的有最多的變色龍，但他就是沒找到任何一隻他不知道的蛇。有一天他在山裡看見一條很平凡的蛇，在他所認知的蛇類中，這是一種無毒的蛇。大膽調皮一點的小孩，常常會抓來玩，甚至會拿來惡作劇，嚇唬別人。出於專家的傲慢和自信，他就像撿起一條繩子一般，隨便抓起來把玩。可是萬萬想不到這條看似無害的蛇，忽然咬了他一口。吃了一驚之餘，他發現自己中了劇烈的蛇毒。最令這個蛇類專家死不瞑目的是，在他的認知裡，這明明是一種無毒的蛇啊。直到嚥下最後一口氣之前，這個講究專業和精確的德國佬還叨念著：「這是無毒的啊！這明明是無毒蛇啊！」他不知道這是一種會變色的蛇，是這個島更厲害的新物種，但是他已經沒機會告訴世人了。

佛洛依德正解：

柯文哲崇拜暗黑的毛澤東邪靈，他藉媒體、網路操弄年輕人，也和毛澤東當年操控紅衛兵當作政治奪權的工具，頗為相似。才剛剛選上市長不久，就不安於位，野心勃勃覬覦總統大位，把市民的付託，還有自己政見的承諾，全部拋諸腦後。這樣一個輕諾寡信，不負責任的變色龍，當市長也就罷了，要讓他當總統，難道台灣人不該更深的了解這個人嗎？難道不會懷疑他的國家忠誠嗎？

最近他把台灣比喻成強盜，而把中國比喻為警察，語驚四座，群情嘩然。尤其令人無法理解的是，一個以智商一五七自豪的人，怎麼會說出這麼顛倒黑白，違反常識的話。到現在為止，雖然大家幹聲連連，不但他自己沒有辯解，也沒有任何人提出合理的解釋。難道我們要像那個德國佬一樣，死不瞑目嗎？台灣人就真的遺傳了差不多先生，對什麼事都馬馬虎虎的壞基因嗎？

可能大家都忘記了，在國民黨殖民政權白色恐怖統治的時代，國民黨就慣常利用媒體，把爭自由、爭民主、爭人權的人民抹黑成暴民，而把對人民施暴的警察說成是人民的保姆。在這樣鋪天蓋地的宣傳之下，很多人就被洗腦，這樣的印象也就進入了他們的潛意識。不管你智商有多高，在你的意識中輸入的壞東西，將主宰你的頭腦。柯文哲這次的說話，是從他的潛意識中浮現出來的真心話。了解到這一層，我們對他會說出這麼離譜的話，也就一點也不覺奇怪了。

大家可能還記得，馬英九也曾經說出類似的，令人百思不得其解的話：「我把你當人看也！」這也是從他的潛意識衝口而出的真心話。因為中國人幾千年來不把異族當人，外國人不是夷就是狄，不是羌就是蟲，再不然就是鬼子。在他的潛意識中，你根本不是人。他把你當人看，已經是皇恩浩蕩了。你就叩頭謝恩吧！

二〇一九年二月十二日

鳳麟龜龍考：中國四大神獸，只有王八是真的

本來一片寧靜的樹林，忽然聽到一陣聒噪的鳥叫聲。抬頭一看，原來是兩隻烏鴉在爭吵。牠們到底在吵什麼呢？仔細一聽之下，才知道最近有一則傳說，說如果誰最黑，誰就能飛上枝頭變鳳凰，並得以和以龍為圖騰的蛇族成親。原來這兩隻烏鴉就是在爭誰比較黑。但是左看右看，無論怎麼看，兩隻都一般黑，實在分不出勝負。唯一看得出不同的是，其中一隻比另外一隻大一些，因此聲量也比較大。可是另外那隻小一點的烏鴉不甘雌伏，不斷提高音量相爭，聲音越來越尖銳，如此而已。牠們不斷爭吵著，聲達雲霄，終於被天空中盤旋的老鷹聽到，於是快速飛撲下來，攫住了較大那隻烏鴉說：「不必爭了，你叫得比較大聲，所以看起來比較黑。」小隻一點的烏鴉嚇壞了，趕快閉嘴逃之夭夭，從此不敢再跟誰爭論誰比較黑了。

鄉民正解：

最近台灣政壇有如群魔亂舞。柯文哲說兩岸一家親，讓大多數有台灣主權意識的

台灣人覺得他已經由綠變藍了。日前他更把台灣比喻為強盜，而把中國比喻成警察，引起台灣人憤怒，覺得他看起來確實是黑的，而且越來越黑了。奇怪的是，幾個國民黨可能參選的總統候選人，也爭相加碼，有說接受一中九二共識而不談各表的；也有接受一國兩制，甚至一中同表的；也有說要和中國共產黨簽署屬於國內性質形同降書的和平協議的。叫得一個比一個大聲，就像一群烏鴉在爭吵誰比較黑一樣。

在美國對中國開始各層面的戰爭和圍堵的這個時刻，在做為台灣盟國和保護國的世界超強美國，和時時刻刻打壓霸凌台灣，又千方百計無孔不入滲透台灣，並且以一千多顆飛彈和飛機戰艦不斷威脅侵擾台灣的敵國中國之時，難道這些藍色政客已經肆無忌憚選邊站，靠向中國了嗎？他們爭先恐後搶當最黑的烏鴉，我們除了為他們的賣台和愚蠢感到悲哀之外，好像也只能聽之任之，拿他沒有辦法。但是如果要把台灣人拉去當中國的炮灰，則不是我們台灣人可以同意的。那隻蛇類剋星的老鷹，什麼時候會飛撲下來，我們不知道。但是至少那些烏鴉們也不必在這個時候去搶當最黑的烏鴉吧。如果有台灣人相信那些中國鬼話，那麼他們只有當王八的份了。

二〇一九年二月二十二日

五濁惡世中的一股清流

最近台灣政壇烏煙瘴氣，好像西遊記裡的妖精全跑到台灣來了。又像一場骷髏、妖怪嘉年華會一樣，天天在街頭和電視上演。而既是觀眾，又身在其中卻渾然不覺的選民，看得昏頭轉向、麻木不仁。由柯文哲、韓國瑜帶頭演出的政治表演，為了衝高網路聲量，已經走火入魔。其言行的詭詐和輕挑不負責任的態度，彷彿台灣已經進入不可思議的末世景象。關係到國家甚至戰爭這種嚴肅的議題，他們都敢信口開河，完全不顧專業和對國家可能產生的不良影響。他們好像只在乎自己選票得失，完全置台灣安危於度外。難道台灣人，尤其年輕人，真的都那麼弱智膚淺，分不清是非黑白，政治零分嗎？明明是一些妖怪、老鼠精，卻偏偏看做是明星偶像？明明是獨裁非人道的共產敵國，卻要認親擁抱？這實在令台灣人感到暗無天日，一肚子窩囊！如果不是在二月二十三日下午，有幸參加了一場新書發表會，我可能還無法從這烏煙瘴氣的痛苦中超拔出來。

由一群台灣文化學術教育界的菁英組織寫作編輯、吳三連台灣史料基金會出版的

《台灣文化之進路文集：莊萬壽及其文化學術》在二二八國家紀念館舉行發表會。座無虛席的會場，在三個半小時的許多熱烈精采的演講過程中，彷彿一股清流，洗滌了近日以來的烏煙瘴氣。本來是文化學術界為莊萬壽八十榮慶而發起的著作，莊教授卻非常謙退，且一心一意只關心台灣文化的進路而促成了這本著作。這本集體著作，匯聚了很多關心台灣文化各層面發展的學者和作家的專業研究，也看到莊萬壽的人生以及學術成就和貢獻。做為既是經師又是人師的他，對人和藹包容，對真理和理想的追求卻毫不馬虎，可說是台灣學術文化界的典範。也是一個堂堂正正的台灣人的典範。

在鹿港出生的莊萬壽教授，其父在日本時代雖是一介木雕藝匠，卻熱心文化學問，同情弱勢農工，熱心參加台灣文化協會。這對莊萬壽從年輕時代就喜愛學問追求真理，並同情弱勢和對抗強權的理想有絕對的影響。一九五六年他十七歲時開始對共產思想和毛澤東景仰崇拜。他在其鉅著《中國民族主義與文化霸權：儒教及其典籍之解構》封面就印有那時噴濺的鮮血痕跡，以及他心路歷程的自述：「我劃破手指，血繪紅星。毛澤東曾是我的燈塔」「中壢警局怒火，揀一片焦輪胎，我走向台灣」。中壢事件發生於一九七七年，也就是他三十八歲的時候，是他看破中國國民黨，澈底回歸台灣主體的年紀。但是，他看清並唾棄中國共產黨的年代，應該在更早的一九六六年文化大革命之際，也就是他二十八歲或更早的事了。

因歐洲工業革命造成的勞資貧富分配不均，促使十九世紀末和二十世紀初興起的共產革命，發生在貧窮動盪的帝俄社會。當時大部分西歐先進國家的知識份子對蘇俄的共產革命是同情的。也提供革命份子一個逃難庇護的空間。列寧、托洛斯基還有許多革命份子和作家，都藏身法國、瑞士等先進自由的國家。同情並支持革命的知識份子被視為有良心的進步份子。一九一七年終於推翻沙皇，革命成功。但是到了一九三〇年代許多本來對共產主義社會願景有夢想，甚至參加共產黨的知識份子，參訪蘇聯看到共產黨政權運作的實際情況之後，紛紛失望退黨。不說這個年代的知識界，就以東德一九六一年築起一六七點八公里有鐵幕之稱的圍牆來說，一九四九到一九六一年之間，冒生命危險逃離共產東德的就有兩百六十萬人之多。所以就有人這樣說，如果早年沒有參與或支持共產主義的，那是沒有正義感沒有理想的知識份子；如果到現在還在相信共產黨、還在支持共產黨的，那麼這個人不是笨蛋就是壞蛋。柯文哲和韓國瑜還有一些傾中的政客到底是哪種蛋呢？請台灣人尤其是年輕人用你不屬於那兩種蛋的頭腦想一想吧。

台灣因為經濟並未完全開發，更加上一直受到殖民帝國的剝削、壓迫和洗腦，關乎國家發展最重要的文學、藝術、思想、歷史等軟實力的基礎建設非常欠缺而薄弱，導致人民好騙難教的弱智，給了狡詐政客容易操弄的空間。這就形成了今天台灣政壇的混亂和污濁。殖民政權餘孽的國民黨，不操控污染台灣文化就已經功德無量了。作為本土政權的民進黨，政治掛帥忙於政治攻防，似乎無暇顧及文學、藝術、哲學、歷史等軟實力的投資。但是在這個領域努力的台灣人，尤其在國民黨政權結構包山包海的惡政之下，不願同流合污，早就知道自己的目標和理想，並不是靠政府可以達到的。這就在污濁的環境中自然形成了一股清流。這股清流就從這本書和這次的發表會被我們看到了。

二〇一九年二月二十五日

維持現狀vs.務實台獨

統一在台灣沒有市場，台灣人希望獨立，這是理所當然的事。只是在中國共產專制獨裁政權的武力威脅、美國不希望台灣單方面宣布獨立這樣的國際壓力、和國內傾中或親中政黨的分歧狀況下，民進黨或政治家必須謹慎處理台獨主張和行動，負責任的態度，理當獲得大多數國人的支持。但是因為國民黨共犯結構餘孽未除，每次碰到台灣選舉，總是利用殘存的利益共犯結構，和以往洗腦成功的愚民以及重利輕義的人性弱點，作為爭取自己政治利益的手段，破壞台灣獨立的國家地位不說，還散播似是而非的論述，混淆國人的心智，以禍國殃民來形容都不為過。國民黨和統派政黨可以說是完全背叛台灣人民利益的政黨，甚至勾搭中國獨裁專制政權，出賣台灣主權也在所不惜，應該受到台灣人民的唾棄。

對民進黨和政治人物的主張倒是有所期待，卻需要多做了解才行。

一九九一年，民進黨制定了台獨黨綱，聲明要「建立主權獨立的台灣共和國」。

一九九九年，民進黨全代會又通過了「台灣前途決議文」。最重要的一點是主張台灣已經事實獨立，國號叫中華民國，要改變這樣的現狀，須經兩千三百萬人的公投決定。有人批評這是改掉了民進黨「建立主權獨立的台灣共和國」的黨綱，接受中華民國國號，也是沒有經過台灣人同意的主張，是民進黨的妥協或退步，這是「維持現狀」說法的根據。

二〇〇七年，全代會通過了「正常國家決議文」，共有十條。比較重要的幾條是：

（三）為破除中國利用「中華民國」宣傳台灣是中國的一部分，國號應正名為「台灣」。（五）政府應以「台灣」的名義，加入國際組織。（七）政府需盡速制定一部「台灣新憲法」，澈底擺脫中華民國體制。（八）政府需積極推動「台灣正名」，全面檢討法律用語、政府機關、國營事業名稱、法律用語在國際組織與外交應以「台灣」為名。

如果這些條文真正得以實現，那才可以說「台灣已經獨立」，不是嗎？但是二〇一六年六月，吳子嘉（幾個月前因其他不當言行被開除黨籍）以蔡英文說出了「維持現狀」為契機，藉機提出民進黨應該制定新黨綱，取代上述三個黨綱，幸好沒有被接受。

從二〇〇七年通過的「正常國家決議文」來看，其實目標方向已經非常明確，根本無需再有什麼改變。現實和理想總是有距離，大家都可以理解。但是民進黨還是應該有呼應台灣人民獨立願望的黨綱，作為共同努力的目標和方向，這才能夠做為領導台灣人民的政黨。國際和國內現實狀況是變動不居的，聰明的民進黨政治家當然會審時度勢，排除萬難往目標前進，而不冒進。但是絕對不可以拋棄核心精神，迷失自己的方向。至於哪一個人是真心誠意，意志堅定的台獨工作者，哪一個有智慧有能力帶領大家往前邁進，相信人民的眼睛是雪亮的。選民要嚴密審視他們的言行和成績，來作為我們選才的標準。團結也要團結在有能力有贏面的候選人之下，才是順天應人，順水推舟勝選的方程式。「維持現狀」和「台灣獨立」同樣需要能力和魄力，並不是你說要「維持現狀」就可以輕鬆過日子的。

至於「台灣已經獨立，國名叫中華民國，不需要再宣布獨立」，一句話就可以戳破這個說法。世界上有哪一個獨立的國家，需要對國內和國外這樣宣布的。在國際社會台灣不被承認、不被接受的現實又是怎麼一回事？有人說維持現狀就是維持獨立的現狀，這是阿Q式的自我安慰，此地無銀三百兩的說法。台灣獨立現狀，不必說也照樣存在。至於要不要宣布獨立，條件成熟宣布也不會怎樣。

「中華民國」這個國號，有經過台灣人同意嗎？「中華民國憲法」台灣人有參加制定嗎？這部憲法制定時領土不包括台灣。現在卻宣稱包括已經獨立的蒙古共和國和全「中華人民共和國」。這不但是荒誕不經的論述，更糟糕的是和「中國」糾纏不清。不管是「中華民國」也好，「中華人民共和國」也好，都沒有台灣的主權。憑什麼我們要自己陷入「中國」陷阱？「中華民國」政府，只是借住台灣的流亡政府。根本不擁有台灣主權。憑什麼要讓他借屍還魂，還讓他投共賣台。有一天在環境條件成熟的時候，我們還是要讓台灣有自己真正的國號和國旗，獲得「正常國家決議文」的實施。「務實台獨」就是在面對現實這個現狀，會審時度勢、謹慎處理國家正常化的目標和理想，既不冒進也不拋棄核心精神的務實態度。這和阿Q式的精神勝利、自我安慰，是完全不同的承擔。雖然國家尚未正常化，但是我們心中有一個獨立的台灣已經存在，則是不爭的事實。中國就是要破壞這個事實的存在，才會處心積慮對台灣作各種統戰。

「維持現狀」既不可能，也不實際，中國統戰時時刻刻在改變現狀，蔡英文政府窮於應付。現在美國對中大打貿易戰，又以印太戰略對中國實行圍堵，台灣地位變得非常重要，國際情勢和對台灣的態度已經和過去大不相同。我們沒有必要死守「維持現狀」，自我限縮，這只會麻醉台灣人民，弱化台灣人民獨立的意志，而且令盟國對台灣共同防衛的決心喪失信任。昨天看到消息報導說美國參議院跨黨派幾個參議員提出「台灣保證法案」，主旨在保障台灣不受中國侵略，聽說眾議院也要提出相同法案。這是現在美國不願意讓中國威脅影響台灣人民自由意志的具體行動。依我看，美國的「對台六大保證」加上現在的「台灣保證法案」，才真的是台海的定海神針！

二〇一九年三月二十七日

賴清德的真氣何在

自從四月十日民進黨中執委無異議通過初選延後，替蔡英文作弊以後，蔡英文密集動作爭取媒體曝光，且參加獨派餐會爭取支持。加上中國軍機侵台作球給蔡英文、國民黨牛鬼蛇神參選逼壓等等對賴清德不利的諸種條件下，台灣民意基金會在四月二十一日公佈民調，賴清德仍以49.9％大勝蔡英文27.7％的支持率。這項調查還做了三腳堵的對比民調，賴清德全部完勝，而蔡英文全部墊底。不但如此，這個民調還以七項特質的細項來調查人民對賴和蔡的對比，賴清德全部大幅領先蔡英文。有興趣的不妨去查看一下，這個調查所顯示的意義，不只是個人勝負，更是賴清德三月十八日參選決定之正當性的確認動作。這個正當性乃是歷史責任的承擔，也就是廣大台灣人民獨立自主的願望的付託。

從黨外民主運動台灣人所展開的鬥爭，一方面是對國民黨專制獨裁殖民政權爭取民主自由和人權的鬥爭，這一方面在早期民主鬥士的犧牲和台灣人民自覺的拼命支持下，已經達到最起碼的成功。至於另一方面更深層的台灣獨立的國家願望，卻尚未達成。一九九九年民進黨通過「台灣前途決議文」有許多對現實的妥協，而二〇〇七年通過的「台灣正常國家決議文」才是台灣人真正獨立的願景。作為台灣領航人，必須高瞻遠矚、必須有願景、必須有能力和魄力來帶領台灣獨立自主的運動。我認為這就是那一口「真氣」。不只是賴清德的真氣，也是台灣人的真氣。

民進黨中央不乏智略超群的謀士，但是為什麼四月十日會作出延遲初選的災難性決定。難道他們不知道這個決定會造成更久的鬥爭，更大的分裂？難道這只是蔡英文為了個人的權位圖謀？難道他們都那麼愚蠢？我也不認為事情這麼單純。前不久傳出蔡英文曾有退黨的念頭（不涉及參不參選），我猜測是蔡英文承擔不了民進黨總路線大潰敗的壓力所萌生的反射性反應。這個民進黨長期的總路線，也就是「中間路線」，曾經幫助民進黨獲取更大的政治版圖和政權。可是二〇一八年大潰敗，證明這個路線的錯誤和迷失。

爭取更多的支持者擴大政治版圖，這是理所當然，必須努力的目標。問題出在這是背叛基本信仰，讓深綠基本支持者含淚投票所換取的結果。從蔡英文執政（應該說是中間路線執政），民調顯示台獨傾向比率下降這一點，足可證明。不但如此，失去理想和願景不說，轉型正義司法改革裹足不前，任用國民黨和錯誤的民進黨人，也自失立場，造成不少民怨。蔡英文民調之所以低迷，固然表面上是她太過軟弱無能所造成，但事實上這是「中間路線」必然的結果。

中間選民一樣是人，我相信大多數台灣人還是擁有台灣人的普世價值和基本道德觀念。要獲得他們的支持，絕對不要以為迎合低俗的趣味，就可以贏得他們的選票。民進黨之所以有今天的成就（結結實實的基本盤），是靠長期犧牲奉獻和理想感動人民的結果，絕非靠搞欺騙性的表演得來的。我認為賴清德的真氣，來自普遍存在台灣民間的底氣。民進黨智謀之士，應該要重新檢討「中間路線」錯誤的方向和做法。不管最後誰出線，這個路線需要被好好檢討並予以改進。

二〇一九年四月二十二日

殭屍蝸牛！

十五日晚上吳澧培資政在「政經關不了」政論節目中說出一段祕辛，聽起來令人毛骨悚然，而且百思不得其解。這和民進黨這幾年的變質，一樣令人迷惑。他說在發表公開信之前，曾私下建議蔡英文最好不要連任。蔡英文不但沒有答應，還回了一句耐人尋味的話：「既使犧牲民進黨（她）也要為台灣打拚。」為台灣打拼當然是「要選總統」的修辭，至於為什麼她選總統和犧牲民進黨，在她的邏輯裡產生關聯？大家好奇的是這一點。

在吳資政說出這段祕辛之前，政壇就曾傳出蔡英文曾表示脫黨參選的傳聞。現在看起來，也不是完全憑空捏造的新聞了。吳資政為人大公無私、含蓄體貼，是被台灣人尊敬的人格者。為台灣犧牲奉獻，大家有目共睹，除非已經到了不得不說的地步，相信這種消息他是不會隨便說出來的。

以政治謀略來看，如果脫黨參選，或蔡柯配，都是在可以理解的範圍。但是以身為民進黨員最高首長，而且曾長時間擔任民進黨主席的她，能從她口中說出「犧牲民進黨也要選總統」這樣的話，實在難以置信。為什麼她選總統會以犧牲民進黨為代價？犧牲了民進黨，她既使當選總統，她要靠什麼支持她來帶領台灣？她的邏輯是什麼？她的政治算盤是怎麼打的？我們真的了解這個神祕女郎嗎？我們知道她以前完全沒有參與黨外民主運動，但是就算如此，她也在民進黨二十年左右了啊。是無情嗎？或有了新歡讓她說出這句話？為什麼!?

生物界有一種「殭屍蝸牛」的現象。那是有一種叫「雙盤吸蟲」的寄生蟲，入侵蝸牛體內寄生，進而控制蝸牛大腦，使蝸牛受其控制，而行為趨向死亡的反常現象。本來夜行性的蝸牛，變成大白天活動，而且行動比往常快好幾倍，更喜歡往高處爬曝露自己。更可怕的是，蝸牛的眼柄（也就是一般俗稱的觸角）因雙盤吸蟲的入侵而腫大，而且放射鮮亮色彩，變得像毛毛蟲一樣不斷蠕動。這些行為都是為了吸引主要的寄生宿主鳥類來將牠吃進肚子，以便繁殖產卵，乃至由鳥的糞便排出，讓蝸牛因吃到鳥糞中的蟲卵，形成另一個生命循環。

看起來行為反常的「殭屍蝸牛」，其實是受到「雙盤吸蟲」入侵控制的蝸牛，過程非常殘忍、非常恐怖、也非常可憐。但這只是自然界生物的生態現象，不能怪罪「雙盤吸蟲」的邪惡。

拿這個自然界的生態現象，來看今天發生在民進黨的狀況，或許比較容易理解、容易釋懷吧？並非有誰比較邪惡，這只是政治生態中不同屬性的政治人物造成的悲劇罷了。雖然在我們看來，國民黨也是更大一隻「殭屍蝸牛」。但這就不煩我們多說了。

二〇一九年五月十六日

27.4%何去何從？

三月十八日以來，飽受爭議的初選，終於在六月十三日，以不完美的結局作收。儘管是個結束，但是對所謂27.4%的那些公民來說（假設這是真實的），痛苦並沒有結束，甚至更為加劇。而這痛苦並不只是替賴清德在這場初選中受到的霸凌感到不平；更大的痛苦是看到幾十年來自己無怨無悔支持出來的民進黨，公然背叛創黨的理念和道德價值。對堅持台灣價值的人來說，這無異於被曾經山盟海誓的愛人背叛，甚且也是台灣前途希望的破滅。我景仰的一些學者和評論家，大部分都擲筆三嘆，不願再發表意見。我可以理解他們的心情，但我知道這是不對的。也有些人，怕被冠以分裂的罪名而不敢再發言，我認為這更是沒有道理，分裂是蔡英文和中執會製造出來的。當初就有明白人一再提出警告，但是民進黨中央，橫柴入灶，根本不在乎分不分裂。

但這就是政治現實，殘酷的現實。如果這35%和27%的選民無法互相說服，那麼恐怕更殘酷的現實，不是失去民進黨政權，而是人民思想的分歧。不管輸贏，四年很快就會過去，然而思想的幼稚和分歧則是後殖民難以救藥的悲劇。如果台灣人的思想，仍然停留在戒嚴時期的水準，則台灣人將永遠陷入被殖民的分歧模式輪迴。理想和現實永遠不會完美吻合，路線永遠存在著分歧。台灣人什麼時候能夠從後殖民的悲遇中超脫？唯有台灣人政治能完全解殖，思想和心靈境界能夠提升，才有可能。昨天下午去火車站聯署勸慰黃華，胸中一股莫名的悲情再起。那些當年同受國民黨黑獄壓迫的同志，如今在哪裡？當晚我又去聯合國協進會，聽楊黃美幸講述高俊明牧師回憶錄「十字架之路」。因為高俊明牧師是楊黃美幸的舅舅，所以講起來更加情真意切。她引用美國當代女詩人Maya Angelou的話說：「勇氣是所有美德中最重要的，因為沒有勇氣，你無法持續實踐其他美德。」

高俊明牧師一九七〇年被推選為長老教會議長，並擔任總幹事十九年。長老教會公開發表三次聲明，用行動實現正義，替台灣人爭取基本人權和正義：

一九七一年的「台灣住民自決」

一九七五年的「我們的呼籲」

一九七七年的「成為新而獨立的國家」

大家想一想，這在戒嚴時期，是需要何等的道德勇氣。高牧師還曾經證道說：

「同擔苦難，共享榮耀。」他不但是一個天使，甚至可說是一個聖徒。我不知道這是不是能給痛苦中的台灣人一個啟示。

二〇一九年六月二十日

走火入魔的中間路線

不知什麼時候，典出何處，有一句台灣諺語開始流行起來：「台灣人好騙歹教。」身為台灣人聽到這個，不知你感覺如何。

受到國民黨殖民政權長期洗腦分化，有很多台灣人成為國民黨的共犯結構。這些選民一直站在台灣自由民主獨立的對立面，是屬於不可改變的深藍選票。但是在國民黨的政權結構裡，外省統治集團的少數「高級」外省人，加上很多「並不高級」但同樣具有大中國情意結的外省人，才是真正的主宰。他們雖然失去政權，但是仍然操控著這夥人的思想和意識型態。天羅地網般的黨國政權結構也大部分都還存在，可說是百足之蟲，死而不僵。

在另外一端，少數具有自由主義精神，信仰民主理念，甚至認同台灣獨立，已經覺醒的外省人，加上早就覺醒並長期對抗國民黨政權的台灣人，就可定義成所謂的深綠選民。這些一起奮鬥的台灣人，其實並不以省籍意識或私人利益來認同彼此，而是以理念價值信仰互相緊密結合。

這兩種人就是既不好騙又不好教的人。不管是因為既得利益或意識型態，或因為理念信仰，他們都很鐵，是屬於不太流動的選票。民進黨智囊認為不取得政權，講什麼都是空談，而要取得政權就必須去挖國民黨的中間選票，所以千方百計向中間靠攏。中間選民貪圖小利，就惠以小利；愛顧腹肚，就開空頭支票畫個大餅騙他們；怕社會動盪政權不穩，就不敢動國民黨；怕打仗，就不敢讓中共不高興，而說維持現狀；喜歡低級娛樂趣味，就辦康樂活動；不重真理是非，就大家當鄉愿；愛面子，就給面子，勤跑紅白帖；年輕人喜歡無厘頭的鬧劇，就扮小丑等等。最後連基本道德和價值都可以拋棄，甚至完全不管深綠選民的怨言，因為這些人都以大局為重，長年含淚投票。民進黨寵壞了中間選民，而深綠寵壞了民進黨。

然而，這也不能完全怪民進黨。有什麼樣的人民，就有什麼樣的國家。台灣民主和獨立真正的困難，是因為國民黨長期思想洗腦和儒家封建鄉愿文化深入台灣人骨髓，積毒難化。民進黨不從現代化和思想教育下工夫，反而帶有欺騙性的去討好中間選民，就像父母不以正確的價值去教育孩子，反而溺愛小孩，讓他們在錯誤的寵溺中永遠不長進一樣。大前研一以前曾對台灣經濟起飛大加讚揚，但是去年卻針砭台灣社會變得：「集體不學習、集體不思考、集體不負責。」台灣人民固然必須承受這樣的批評，但難道已經獲得全面執政的民進黨不該負責嗎？妳往中間靠取得政權要幹什麼呢？深綠含淚投票的結果，卻發現民進黨欺騙的不是中間選民，而是深綠選民，他走的是真正的中間路線，一個非常媚俗的中間路線。拋棄深綠選民早在謀算之中。但是那些中間選民，根本沒有忠誠度，偶而被你騙一次，下一次又讓國民黨給騙去了。反而是這些深綠選民一直不離不棄支持民進黨。從這個角度來看，民進黨真正騙到的難道不就是深綠選民嗎？這三年完全執政令人不解的用人決定、司法不改革、陪審制不做、阻擋公投、和國民黨聯手否決反滲透法等等，還有二〇一八年十一月的大敗，加上賴清德參加二〇二〇年總統初選，暴露民進黨變質的真相。如果這些深綠選民堅持的是台獨的信仰，和民主進步的價值，他們還會認為民進黨是以前那個他們信賴和有所期待的黨嗎？正在籌組的新政黨，除了近期的選舉目標之外，更長遠的建國工程是大力推動現代化思想，去除中國殖民帝國洗腦餘毒。如果台灣人具備正常的思考能力、現代化普世價值信仰以及勇敢優美的心靈，就自然不那麼容易被政客欺騙和操弄。

有什麼樣的人民，就有什麼樣的國家。不管是深藍、深綠或中間選民，難道我們不希望我們子孫快快樂樂活在一個優美而健康的國家嗎？讓我們一起為建構一個正常、健康、優美的國家而努力吧。

二〇一九年七月十日

枷鎖重重的台灣人

最近和一個關心國家命運和社會正義的年輕人討論，為什麼現在看不見有類似以前的黨外運動，年輕人為了國家大議題，蜂起雲湧參加革命那種持久的熱情和組織，而只是各自在一些小議題作小團體小規模的集結？經過討論，我終於知道答案了。台灣人有了言論和選舉自由，好像自由民主的大議題不再是問題了，也或許現在政黨的騙術更高明了。似乎他們能看到的不公不義，就只是那些不大不小的議題。年輕人也就易聚易散，不能像當年的國家議題那樣，匯聚成波瀾壯闊，持續幾十年，改造國家的革命運動。

認真一想，今天台灣人雖然有了「個人的自由」，我們的國家卻沒有「國家的自由」。沒有「國家的自由」，就等於沒有「個人的自由」。其實「國家的自由」才是台灣人更應該爭取的終極自由，而「國家的自由」的爭取，本是政府應該負起的責任，至少是應該負起的領導人民的責任。但是執政者好像忘記了這個責任，只是一直在中國和美國所劃的紅線內，像龜孫子一般，用自以為高明的政治話術東閃西躲，還洋洋自得。更可惡的是，居然把人民決定自己命運的公投權予以限縮甚至加以沒收。這樣的執政者，頭腦還是封建的頭腦，根本沒有人民為主的觀念。一般人也就罷了，連素孚眾望的學者，也替蔡英文開脫說，以此批評蔡英文並不公平，不多久這人也就加官晉爵了。蔡英文常說的：「我的專業是做總統。」果然很「專業」嘛！

民進黨三年全面執政，司法改革跳票，轉型正義跳票，一大堆令人失望的用人施政，和這一次總統候選人初選集體作弊的醜態，澈底暴露了民進黨變質的真面目。作弊得逞之後，現在拿中國威脅嚇唬人民，狂喊團結。他們派高官四處遊說摸頭，這才讓我們恍然大悟，加諸台灣人身上的枷鎖，除了中國、美國和「中華民國」之外，還加上了一個民進黨。這個枷鎖有如套在台灣人脖子上的連環套，綑住台灣人身體的綑仙繩，還有無人知道密碼，禁錮台灣人心靈，和國家願景的心鎖。台灣人至今仍然是帝國主義禁錮下的「亞細亞孤兒」，從黨外拼到民進黨執政，拼命爭取到的政權，卻像是自己給自己套上另一副更加沉重的枷鎖。台灣人連普世公認的公投人權都被剝奪，就等於沒有思想和言論的自由一樣。民進黨政府，不敢向國際大聲喊出「我們要獨立」或許是帝國主義壓迫下的結果，那也就罷了。但是現在看來，他們更像是躲在「中國威脅」和「美國不准」的保護傘之下，輕輕鬆鬆享受執政的大餐，樂不思蜀。連人民喊出要公投都會把他們嚇出屎尿來。

大家心知肚明，台灣人內心真正的渴望是台灣獨立，這一點至少應該讓國際社會知道。沒有「國家的自由」，我們就沒有真正的自由，這是台灣進入二度革命新階段的新使命。民進黨得到政權以後，那些既得利益者，透過派系分贓的結構，已經不容任何人破壞他們的結構。對早期參加革命的黨員來說，利益當頭，什麼創黨初衷，什麼台獨理想，早就拋諸腦後。對那些投機收割的年輕一輩，有樣學樣，跟著大人排隊分贓就是了。國際社會不知道台灣的內情，會誤以為民進黨代表台灣人。這一副枷鎖，就是我們自己選出民進黨來加在我們身上的，今天我們必須先掙脫這副枷鎖。

因此，台灣需要一個強而有力的本土在野黨，可以替台灣人對國際大聲喊出真正的心聲：「台灣人要公投權。」這是台灣人最卑微最基本的人權。台灣更需要一個真正能制衡國、民兩黨的第三大黨。這是從建設性的角度來看待剛成立的新政黨，我們現在要爭取的是「國家的自由」。各種大大小小的社會議題，在正常的國家裡，都可以循正常的法治程序得到解決。看到年輕人為了那些不大不小的議題，分散力量在街頭淌血抗爭，又心痛又不捨。

二〇一九年七月二十一日

作為台灣人的痛苦

從國民黨的洗腦和欺騙中覺醒的台灣人，了解自己認賊作父的身世後，「作為台灣人的悲哀」成為他們午夜夢迴的哀嘆。但是哀嘆歸哀嘆，日子還是得咬緊牙關過下去。我知道很多心地善良純樸的台灣人，他們暫時拋下歷史命運的無奈，仍然維持自己良善的本質，出國的出國，埋首鄉土的埋首鄉土。只為了尋找一個可以擁有自由和尊嚴的國家，或者避談政治，在二等公民的不公平體制下，為自己和家人謀求一點成功的機會，這就是所謂的「台灣牛」的個性和命運。

黨外民主運動，掀起一波波的抗爭，以及諸多黨外雜誌追求民主自由的宣傳，一方面固然讓台灣人覺醒，可是也讓台灣人對自己受到的壓迫，感到悲哀和痛苦。然而這種悲哀和痛苦，卻因他們對真理和良善的信仰，而產生宗教信徒般堅忍不拔，生死與之的情懷。民進黨能從黨外，前仆後繼一直發展到現在完全執政，靠的是台灣人良善的教養和真理的信仰，以之對抗外來政權的不公不義和兇惡偽詐。為了信仰和價值而犧牲，人們會甘之如飴。如果失去價值和信仰，人們只會在墮落的人性中，互相傾軋互相懷疑，感受無止境的悲哀和痛苦。這就是為什麼我們現在所感受到的痛苦，百倍於黨外時代的原因。台灣人讓蔡英文和民進黨全面執政，換來的是加倍的失望和痛苦。這個絕望和痛苦的根源，就是信仰和價值的崩壞造成的。

這種價值和信仰的崩壞，以今年三月十八日總統初選為開端。三個月之間民進黨中央三次集體作弊，硬把民意支持度高很多的賴清德做掉，讓不得人望的蔡英文成為候選人。其間還讓人民看到原屬國民黨貪腐集團，蔡英文賴以操弄選舉的愛將，如何在黨中央翻雲覆雨主導全體委員作弊。接著民進黨傾全黨之力，使出各種宣傳花招，號召英粉力挺次級品小英。其故意忽視真相，完全不講道理的程度，跡近瘋狂。台灣人道德和價值信仰的崩壞，歷史所未見。這些英粉以為他們是為了維持本土政權，實質上這正好是在腐蝕台灣人賴以生存的精神信仰和價值。而我們感受到的痛苦，就以目睹這些英粉道德價值的淪喪為最。

做個最淺顯的比喻，如果你的孩子用作弊得到高分，你會不加責備，反而替他掩護甚至加以鼓勵嗎？台灣人在良善真理的價值，和一時政權的得失之間，到底要如何選擇？相信有遠見的台灣人也都會作出明智的抉擇。蔡英文和民進黨這次給了台灣人一個芒果乾的考題，但是對我來說，卻一點也不難，但是我知道，建國大業是需要教育的。

二〇一九年十月十一日

賴清德必須做自己

賴清德委屈自己，到美國參加了四場民進黨總統和立委的造勢活動。這本是行之有年的民進黨僑社的造勢，這一次聽說原本反映冷清的訂位，因為賴清德要來而轉為熱絡。因為初選作弊而落敗的賴清德，要不要去美國參加造勢活動，心情一定很複雜，政治算盤更是難撥。初選作弊時，他不敢捍衛自己參選人的權利，固然可以被喜歡他的人善解為大肚能容，或顧全大局，但是也可能被敵方看破手腳，斷定他懦弱或有所不能，這都是儒家醬缸文化醃製出來的壞品質。從現代民主政治倫理來說，他的這種作為，並不是可以被稱讚的品德，也不是會被認同的從政方式。理由是國家超越個人，而民主制度價值超越僵化虛假的儒家道德。他今天會陷入這種困境，就是思想的問題，也顯露了台灣人思想需要現代化的課題，台灣人也別再相信那一套政治人物自誤誤人的作為。

從賴清德回台在機場受訪所做的簡短說話，仍然不出老套說這是民主的必然。如果不是為自己解套，那更糟糕的是既誤解了民主，又誤導了人民。難道作弊是民主的必然嗎？由此看來，賴清德對西洋現代民主思想，沒有深刻的了解和信仰。如果將來要更上層樓，擔當建國大任，他必須再教育自己。如果台灣人要建設自己的現代化國家，就必須拋棄那一套虛假的儒家文化。也別再相信或要求政客做這種違反人性又違反民主的表演。

他身為民進黨員，替自己的黨造勢，這本是理所當然的事，別人也無從置喙。如果賴清德只是個跟隨者，那就不用我們多說。如果他要做領導人，那他就必須站在更高的制高點，以深刻銳利的眼光，以動態認知去評估他的黨、他的同志、他的假同志，乃至他的敵人。人性必須超越黨性，真理必須破除假相。他必須是個發光體，而非只能反射別人光芒的鏡子。如果發光，還須得是真火，既照亮黑暗的世界，驅逐野獸，更要能溫暖人心，國家必須超越黨。

他在美國的表現，把自己作小了。聽說他曾諮詢很多社會賢達，但可惜他沒掌握好自己，真正的勇氣，來自真知。不只是政客，我們台灣人必須再教育。

二〇一九年十月二十五日

台灣命運的死結

這一次的總統大選，綠營大分裂的主要原因是什麼，不知大家有沒有好好想過？只是一個綠皮藍骨的蔡英文，和幾個變質的民進黨人就能造成的嗎？蔡英文的施政，次要的先不說，最嚴重的是司法不改革、阻擋人民公投以及腰斬質疑她的政論節目，這些作為可說比國民黨還國民黨。但是她包裝得很好，很多人到現在為止，還認為她是綠的，是自己人。現在因為她蠻橫作弊贏得總統初選，加上假論文和假博士疑案和黨國背景被起底，讓很多基層選民開始質疑並反對蔡英文。台獨和民主理念的背離，以及道德誠信是對她的最大質疑。但是有人還是主張含淚投票，原因無他，就因為認為她是綠的，再怎麼樣不堪，也是自己人。這樣只要是自己人就可以無條件支持的想法是對的嗎？認為蔡英文是綠的或不認為她是綠的，或該不該支持，當然各有看法，自然就會造成分裂了。

無法分清是非，或不在乎是非的人，和對這方面有所堅持的人，當然也是要分裂的。因為是非觀念是長期養成的個性或價值觀，這是一時沒辦法講得清楚的。更何況盜亦有道，竊鉤者誅，竊國者侯，官大學問大，連法院都是他家開的，你要跟誰講道理去？司法是正義最後的防線，不改革司法，就保障了黨國惡勢力。這個事夠嚴重了吧，但是選民包括一些菁英，對此毫不在意。我就不知道，他們是如何做的政治判斷。主張含淚投票的人，好像出自一種高貴的愛國情操，其實是對政治要害沒有認清，一直陷在亡國感的泥淖裡，不能自拔。儘管已經有人起底蔡英文的國民黨黨國背景，並幹著違反初選制度的壞事。但是最後可能就像阿扁說的，信者恆信、不信者恆不信。台灣人的水準，決定台灣的政治，也會決定台灣的命運。民進黨長期在乎的是奪權，對關乎台灣命運未來的思想教育，看不到有任何作為。說他們有什麼建國理想，鬼才相信。

蔡英文和主導變質的民進黨人，實際作為已經偏離台獨黨綱。如果是路線問題，那還有得辯論。如果連目標都要加以改變，那就沒得商量。如果真的走到這一步，真正堅持台獨的人，就必須嚴肅思考，另起爐灶，這也是無法避免的分裂。這當然是要怪罪蔡英文的偏離，而非原先理想的堅持者。

但是對台獨路線的看法，又總是有所謂「務實」和「基本教義」的分歧。當「主義」遇到「現實」，總是無法保持純粹的。這又是分裂更根本性的原因，這是思想問題。台灣人民應該要好好加以思考並好好辯論一番。在選舉中，本來是辯論和教育人民的最好機會，但是民進黨，連辯論的機會也不給你。賴清德和呂秀蓮就吃的是這個虧。人民心中會記住這個帳，總有一天要跟你算帳的。這樣一來，又造成惡的循環，讓分歧更加情緒化。所以打壓言論自由和選舉作弊，是民主政治最嚴重的犯行。如果那些社會精英還看不清這個嚴重性，不把這個當一回事，那我就更不知道他們根據什麼認定蔡英文是綠的、是自己人，根據什麼道理來論政了。

誠信問題本來是不分藍綠不分黨派的，這是國民的基本素質，不能討價還價的。但是還是有人會說，沒有人是完人。誠信是對一個人最基本、最起碼的要求。怎麼會把這個基本起碼的人格和「完人」扯在一起？就是人民思想邏輯上的幼稚，讓狡猾的政客，永遠有操控的空間。

另外一個造成分裂的是，面對中國威脅和恫嚇，台灣人就會分裂為主戰派和主和派。其實台灣沒有主戰派，頂多只有強硬派。強硬派就被批為鎖國或挑釁；主和派或美其名為交流派，就被中國利用來做滲透，軟索牽牛。面對中國的滲透，民進黨有什麼作為嗎？從紅媒到紅旗，到「紅人」趴趴走，就可略知一二了。蔡英文和民進黨到底有沒有能力、有沒有心保衛台灣？從這些現象看來，很值得懷疑。中國很善於利用這個槓桿來操縱台灣政治。如果沒有堅定的台獨和民主信仰，我也不知道台灣人要靠什麼對抗中國。從蔡英文過去的行為來看，難道我們對她會有信心和信任嗎？比起賴清德和呂秀蓮，蔡英文實在差太多了。民進黨和台灣人的不幸，就是蔡英文可以做掉賴清德並阻擋呂秀蓮參選，還會有人包括一些社會精英挺她。台灣人到底怎麼了？難道真如日本趨勢專家大前研一對台灣人批評的三不：「集體不思考、集體不學習、集體不負責」嗎？歸結起來台灣命運的死結，就是思考力和意志力薄弱。蔡英文的另一個宣傳是說，不選蔡英文難道要選韓國瑜嗎？如果是這樣的話，那台灣只要有個韓國瑜的存在，或者這世上有一個中國存在，那我們就永遠只能被蔡英文這樣的人綁架含淚投票嗎？如果蔡英文這一次這麼明顯的露出狐狸尾巴，並引起這麼大的反彈，還讓她可以這樣玩弄綠色選民，而拿她沒辦法。那以後台灣人就只有被這個死結綁死，永遠也沒辦法脫離殖民地的命運了。

二〇一九年十一月一日

台灣民族的魔考與淬煉

在記憶猶新的戒嚴時期，選舉被追求解放的黨外人士和人民視為難得的「民主假期」。一次又一次的選舉，有如一場又一場的嘉年華會，又像是一次又一次心靈的洗禮。共同的苦難，會凝聚成一個共同的民族。如果有所謂「台灣民族」，或許是這樣鍛造出來的。如果有所謂的「香港民族」，應該也會是這樣誕生出來的。

共產革命初期，常常喊出「偉大的貧苦大眾」這句口號。對此我心中充滿懷疑。一個國家如果貧弱，那是國家的恥辱。怎麼會是偉大呢？一個人如果貧窮體衰，那也是一個人無能的表現，有時雖然是因不幸的際遇使然，卻也絕非可以自甘墮落，或自我阿Ｑ一番的光榮。貧弱需要一個魔考和粹練的過程，才能變成偉大。

台灣人在歷次選舉中，常常有人喊出「偉大的台灣人」、「勇敢的台灣人」這樣的口號。我也同樣充滿懷疑。在我看來，台灣人真可憐，不但沒有一個國家，也沒有一個「國家意識」，更遑論一個堅定一致的「國家意志」。這樣的一群人民，如何稱得上「偉大的台灣人」？看到這一次選舉，光一個「芒果乾」就可以勝過所有對真理和正義的追求。看起來，「勇敢的台灣人」反而是一個諷刺。這次選舉操作，好像被宣傳成蔡英文一個人很勇敢，她卻一面狂賣「芒果乾」。這樣矛盾的宣傳，那些英粉卻可以毫不懷疑地接受她的洗腦。台灣人容易被煽動，在這場選舉中暴露無遺，這當中暴露得最澈底的是諸多所謂的知識精英和所謂的獨派。對台灣人來說，我認為這是一場魔考。只有妖魔才能夠有如此的能力，可以迷惑這些知識精英。

但是現實也不是這麼單純就形成的，台灣大多數人基本上沒有真正的信仰，大多數人也沒有真正戰鬥過。所謂對生命的信仰，最終極的關懷是生死。在戰鬥中，沒有正確的生死觀，不會有真正的「勇敢」。然而，沒有智慧和能力，自然也就勇敢不起來。我們的肉體，非常脆弱，一根針就足以讓我們流血、疼痛，甚至喪命。如果穿上盔甲，再給你一把好刀，那就可以變得勇敢一點。如果經過很多打鬥，那就更加不怕打鬥，更加勇敢。一個武士生命的核心，應該就是他的生命的價值觀。所謂的生命的價值觀，是他相信某種值得用生命去守護的東西。在這個生死觀確立之後，所有的智慧和勇氣就會得到正確的發揮。他也會知道，真正的危險在哪裡，什麼時候應該認輸，為什麼認輸，什麼時候應該捨命堅持。不管勝負，什麼對手值得尊敬。然而，台灣人的養成教育，在中國人來了以後，沒有武德的教育，更沒有生命觀的教育。甚至可以說台灣人是被故意馴化成現在這個樣子的，一隻狗就足以制服這樣一群綿羊。這次選舉的「芒果乾」，好像連一隻狗也不必了，只要用擴音器大聲播放狗叫聲，就足以把這群綿羊嚇得發抖。美國人的焦慮，就在這裡。所以那麼多護台法案被通過，不是因為蔡英文獲得美國信任，反而是美國人不信任蔡英文和民進黨的表現。

像鍛造一把武士刀一樣，在千錘百煉之下，所有的雜質會被冶煉打掉，所有的分子會被錘煉得更加緊密。這次的選舉非常令人痛苦，也非常醜陋，因為它徹底暴露了台灣人的弱點和缺陷。但這是台灣人變成偉大之前，必須忍受的淬煉和魔考，我相信香港人也正在接受這樣的淬煉和魔考。我們不需要被同情，我們需要的是接受粹煉和魔考的勇氣和智慧。台灣隔著一百多公里的海洋，又有自己的政府和軍隊，又不屬於中國，還有美國人的支持，都可以被「芒果乾」嚇成這樣。比較起來，香港人比台灣人勇敢多了。

二〇一九年十一月十五日

「總統無恥，是為國恥」？

「士大夫無恥，是為國恥」，語出明末悲劇讀書人顧炎武。不只是顧炎武，我認為整個相信儒家政治思想的讀書人，都是悲劇角色。在民智未開，民主政治思想未彰的時代，完全無能的百姓，只能祈禱上蒼，天降聖君。如若不幸遇上無才無德的昏君暴君，便只能依賴不怕殺頭的讀書人跳出來死諫。這就是儒家政治傳統，士大夫扮演的悲劇角色。中國專制帝王政治，有兩三千年以上的悠久歷史。儒家政治思想，在「陽儒陰法」的實際運作之下，所有讀書人都鑽入帝王陰謀設計的科舉制度中。由於儒家提倡的忠君思想，讀書人所敢想像的最高等級，只能是「帝師」。這個帝師，還必須扮演替罪受罰的角色。次一等的則是一人之下萬人之上的宰相。自從明朝以後，這個宰相上朝，和眾臣一樣，要對皇帝行跪拜之禮。說好聽是行禮，說難聽一點，是奴才。人性充滿弱點，虛榮、自私、無恥、虛偽、矯情無所不有。只要願意屈膝折腰，就算不當宰相，當個朝廷大官，甚至地方縣老爺，都是讀書人的寒窗美夢。天下有幾個傻瓜，真的願意去扮演被殺頭的士大夫？所以把國家興亡的責任，怪在士大夫頭上，有失公允。但是為了私欲虛榮，想當宰相、大臣、帝師或諫臣的讀書人，如若背負國恥的罵名，那也是咎由自取，怪不得別人了。

台灣的政治已經有了民主。人民手上握有選票，可以決定誰當總統，誰當立委。國家興亡的責任，就落在人民自己頭上了。如果人民選錯總統、立委，那我們難道不該說「人民無恥，是為國恥」嗎？大前研一批評台灣社會，陷入集體不思考、集體不學習、集體不負責的狀態。如果這不是國恥，什麼是國恥？

然而，台灣的民主政治尚未成熟，人民長期被洗腦，又夾雜中國歷史悲劇和國際強權鬥爭糾纏，要求人民做出智慧的政治判斷，談何容易。尤其二〇二〇年的總統和立委選舉，被國、民兩黨搞得烏煙瘴氣。連以前萬民所賴的士大夫，都在人性的弱點和各種政治宣傳之下，失去判斷能力而無所適從。至於那些為了個人和黨派私利而扮演無恥角色的人就更等而下之了。

不管誰輸誰贏，看起來二〇二〇年我們都會選出一個「無恥的總統」。這是唯一可以確定的萬般無奈的結果了。那麼台灣如果有國，「總統無恥」將是國恥之最吧。真是悲哀啊！孰令致之？誰該負責？

是人民無恥？或士大夫無恥？還是總統無恥？總之，這是台灣的國恥！

二〇一九年十一月二十九日

破碗破摔，歲歲平安

二〇一九年辭歲前，台灣舉辦了最後一場總統競選辯論。因為國民黨和民進黨兩個大黨的荒誕初選，選出兩個荒誕的人選，這場辯論成為一場鬧劇，也就可想而知了。有人評論韓國瑜的口才一流，表現最佳。表面上看起來是這樣沒錯，但我認為那是破碗破摔，就一個「爽」字而已。在這個二〇二〇年新年當頭，我們只能順口「歲歲平安」，討個吉利。從民調看來，他是沒有可能勝選的，國民黨比他更適任的人才多的是，怎麼會落到他頭上？這是國民黨的不幸，也是台灣民主的不幸。但是當局者迷，他以及處於狂熱狀態的韓粉，是不可能冷靜思考的。我不相信韓國瑜現在還不知道他已經當選無望。他之所以會破碗破摔，就是他已經知道了，所以才會有這種乾脆豁出去，連提問的媒體記者也罵進去，形同潑婦罵街的狂態。但是如有任何災難性的結果，敢跳出來擔當候選人的韓國瑜，當然應該承擔最大責任。

宋楚瑜穿上博士服，暗諷蔡英文可疑的博士論文和學位，唱作俱佳。奈何蔡英文竟以「你的學位是真的，我的學位也是真的。」這樣似是而非，打蛇隨棍上，就應付過去了。除非當場拆穿這是謊言，戲是演不下去的，不是嗎？形勢比人強，宋楚瑜再厲害，也是英雄無用武之地了。他是聰明人，不會不知道這個形勢。他之所以不得不重披戰袍，明知不可為而為之，應該是為了維持親民黨的立院席次，以延續其政治生命的算計。這算不上是破碗破摔，反而是扣住破碗摔不得，心中一定很不「爽」的宋。

爽不爽是你家的事。但值得我們憂心的是，這個台灣民主的災難，還引發另一個更大的災難，那也算是破碗破摔。但在我們冷眼旁觀之下，卻連一個「爽」字也不可得了。怎麼說呢？

儘管蔡英文民調已經超過韓國瑜30%以上，形勢大好，挺英選民應該可以放一百二十個心的時候，這場辯論韓國瑜破碗破摔，潑婦罵街的氣勢，讓芒果乾再度發酵，再度激起英粉憂國憂民之心。韓國瑜成了蔡英文的救星，你說有趣不有趣？台灣人生性節儉，往往扣著一只破碗吃飯，捨不得丟。天天用著這只破碗，其實心中不無疙瘩。只有哪天不小心失手打破了這只破碗，終於解除了魔咒一般，心胸豁然開朗。這樣為了不值十塊錢的破碗想不開，跟自己過不去，倒不如瀟灑一點，來個破碗破摔，除舊佈新。新年期間，消災解厄，搏君一粲。敬祝大家快樂！

二〇二〇年一月二日

民進黨到底怎麼了？

以前人們很習慣把「政治」定義為「管理眾人之事」，這是在專制政權下無形中養成的「牧民」心態。已經進入二十一世紀民主時代的台灣人，應該從這種無形的思想禁錮中解放。人民應該視政治為「管理政府、政黨及政客之事」才對。人民有管理政府、政黨和政客的能耐，才是進步的民主國家。

在戒嚴時期，國民黨全面壟斷政權，而且用恐怖統治手段，隱匿其政權不公不義的本質和結構，不但控制黨政軍情特、控制教育，也控制所有媒體，深怕真相一旦被揭穿，他們就沒法再用虛假的宣傳，繼續洗腦欺騙人民。這種情形，和中國共產黨今天用盡各種手段，包括屏蔽網路資訊流通的「金盾」，禁用Google、FB、LINE和某些關鍵字搜尋的禁止等，都為的是欺騙人民，掌控思想，以便「維穩」。說是維穩，其實是維護其專制政權邪惡的利益罷了。

很幸運的是，在戒嚴時期，台灣就已經有眾多民主先進，風起雲湧，前仆後繼，發行很多被禁的「黨外雜誌」。這些雜誌常常刊出一些揭露國民黨醜陋真相的報導，民眾趨之若鶩。也因為這樣，國民黨政權慢慢被覺醒的人民所唾棄。經過數十年的犧牲奮鬥，二〇一六年蔡英文當選總統，民進黨又贏得比過半還多很多的68席立委，終於全面執政。正當台灣人以為從此可以放心，幸福快樂地走上民主獨立的大道的時候，卻很快發現蔡英文的施政和用人，完全和選民的期待背道而馳。為什麼這個民主的歷史潮流，會有這樣的大逆轉？為什麼會有這樣肆無忌憚的背叛？難道蔡英文一個人就敢幹下這樣的背叛？民進黨中是否有不為人所知的臥底陰謀？為什麼過去拼命過來的諸多民進黨高層，對蔡英文的背叛，完全沒有反對的聲音？他們的台獨理想都是假的？或者他們的理想被權力慾腐化，而和蔡英文同流合汙了？這實在令人不敢相信。

如果民進黨高層權力中心已經變質腐化，成了「殭屍蝸牛」，那難道二十萬民進黨員全都一起變質腐化？這些沒有掌握權力的黨員，再怎麼說也不可能有太多臥底的人。但是他們在列寧式政黨的權力運作下，常常只是被操控的羊群。二〇一〇年蔡英文當主席的時候，宣布選舉採用全民調，有半數黨員約七萬人退黨。使黨員人數從十五萬降到八萬。那又如何？這除了使反對聲音更加沉寂，蔡英文和黨機器更加集權之外，黨員是完全拿她們沒辦法的。二〇一七年九月十八日黨員超過85％聯署赦扁的提案，在九月二十四日的全代會，由陳菊和蔡英文用技巧性的議程安排和尿遁，就輕輕鬆鬆地擋下這個提案的表決。這85％的黨員，有什麼反抗的力量或作為嗎？以前曾有人說要號召朋友加入民進黨，從而影響民進黨。看到這些例子，應該可以知道那只不過是一廂情願的想法罷了。二〇一八年地方選舉，民進黨大敗。民進黨有改弦更張嗎？沒有！

我們又曾長期聽到人民對新潮流這個充滿神祕的黨中之黨，有很多的質疑。這個民進黨中最大的派系，其政治勢力、經濟實力和盤根錯節的人脈，已經發展到難以想像的地步。若說他們控制了民進黨，雖不中亦不遠矣。他們對蔡英文的倒行逆施，難道完全同意？或者他們是共犯結構？

二〇一九年三月十八日賴清德出乎意料之外，登記參選總統。接下來的三個月，讓我們看到民進黨中執委如何配合蔡英文一再作弊，終於作掉民意高度支持的賴清德。賴清德還被逼不得不在十月中旬到美國僑社，向蔡英文稱臣表忠。為什麼新潮流沒有支持同屬新潮流的賴清德？新潮流的權力運作是什麼情形？是不是新潮流也和蔡英文同流合污了？而屬於新潮流的賴清德卻完全狀況外？

今天民進黨勢力，已經大到可以掌控台灣政治和主宰我們命運的程度。他們的金權運作和複雜人脈，以及思想理念，有太多令人不解的祕密。如果對他們沒有了解，也等於對民進黨不了解。這樣的話，人民又如何奢談管理政府、政黨和政客呢？

所以我認為，民進黨應該改革為更透明、更開放的政黨。人民有知的權力。如果他們不改革，不願透明化，人民現在起應該要像戒嚴時期對國民黨真相的揭露一樣，挖掘民進黨政府、政黨派系以及政客的真相。我們不能讓國家政權在不透明的方式下被祕密操控。如果以一千三百萬的選民總數來算，只占1％左右的民進黨員都無法主宰民進黨，那麼我們選民才是真正能制衡民進黨的力量，對不對？

二〇二〇年一月五日

期待一個良性發展的兩黨政治

國民黨輸了這次大選，引起黨內和親藍媒體評論者的改革呼聲。TVBS一月十五日政論節目中，新科立委鄭麗文呼籲國民黨和民進黨改變列寧式政黨結構。她似乎察覺到，是列寧式政黨結構，讓兩個大黨在初選中不能推出最佳候選人。這是一個跨越藍綠僵化思考模式，邁向健康理性問政的好現象。另外東森電視台的政論節目中，揭露了國民黨這一次的敗選檢討，鉅細靡遺毫不保留地批評候選人乃至黨工種種荒誕的言行，這是前所未有的現象，我認為這也是一個很大的進步。

此外以前曾經有人提議，把「中國國民黨」改為「台灣國民黨」。雖然是為大局著想的深謀遠慮，但很難突破舊國民黨的意識型態。最近聽到的提議是主張乾脆改為「國民黨」就好了，這或許能夠避免內部意識型態的矛盾，又能突破「中國黨」的刻板印象，獲得更多選民的認同。這一次民進黨都敢改穿藍色制服，並且把一個「英」字設計成很像一個「共」字。這些做法是行銷廣告學CIS（企業識別系統）滲透消費者意識於無形的招數。民進黨是不是有這個企圖我不知道，但搞不好連老共看了都覺得很眼熟很認同也說不定。中國因為在香港、西藏、新疆的暴行，以及環境汙染、貪汙腐敗、經濟危機、美國打壓等等問題，使得中國品牌形象崩壞。如果中國國民黨還死抱著中國神主牌不放，可以料想在將來和民進黨的競爭中，會處於非常不利的地位。說嚴重一點，搞不好會永無翻身的機會，所以國民黨應該認真考慮這個提議。

然而最重要的還是實質問題，國民黨從政黨員應該「洗面革心」。拋棄過去黨國時代的舊思惟和行為模式，過去攏斷一切的優勢，已經漸漸消失無形，而且形勢反轉。再不痛下決心，改弦更張，爭取台灣人民的認同，搞不好會被台灣人民淘汰。冷靜下來想一想，還台灣人做主人的權力，又有什麼不合理的呢？大家自由、民主、平等、快樂地生活在台灣這個寶島，不是政治最正確的理想嗎？

我相信兩黨政治互相監督，輪流執政防止腐敗的原理。但國家主權、自由、民主、平等的普世價值，也應該是兩黨的共同價值。在這個共同價值之下，人民選賢與能，就不會產生現在價值混亂，以及被敵人分化的現象。不尊重這個普世價值的政客或政黨，那就由人民用選票加以淘汰。如果國民黨可以如上所述進行改革，我也會樂於投票給她。如果國民黨不行的話，那麼由其他小黨整合發展出一個足以和民進黨競爭的大黨，只要符合這些價值，也是理所必然的吧。我相信這才是台灣民主的良好發展，也是台灣人的幸福。

二〇二〇年一月十七日

武漢肺炎是天災還是人禍

（閱讀洪其璧：從一個科技官僚的養成，管窺一個政府組織現代化的成功典範）

個人因為關心台灣的現代化，所以特別關注有關文化啟蒙和現代化的課題。但是畢竟學識淺薄，更非科學領域中人，對台灣科技官僚政治的實際運作狀況，也沒有研究，本文只能抱著學習的心態，從這個角度分享個人膚淺的看法。或許將來有人可以從這個角度，作政治學和台灣政治更深入的case study。或許對台灣其他比較落後的政府機構，或比台灣落後的國家，也可以是一個值得借鏡的典範。清代台灣沒有現代化的衛生組織，日本國很注重國民衛生和健康，現代化之後就設有厚生省的機構，下設各地方的「衛生試驗所」。統治台灣時期，也把日本這種現代化的衛生機構在台灣成立，這就是台灣早期的「台灣衛生試驗所」。國民黨延用這個名稱，後來與時俱進，改為「衛生署」。裡邊的「預防醫學研究所」（後改為疾病管制局，衛生署升格成「衛生福利部」後又升格為「疾病管制署」）。「藥品食物管理局」（後改為「食物藥品管理署」）。這些單位都是政府組織裡的所謂獨立機構，意即有自己的預算、人一、人二等單位。這是衛生署兩個最大最重要的單位，洪其璧博士都擔任過局長。對於這個行政系統的運作和歷史，非常了解。最近中國爆發「武漢肺炎」的傳染，世界各國無不嚴陣以待，更可見這個組織的重要性，不容輕忽。

有幸透過好友高輝陽教授的介紹，認識洪其璧教授時，他在長榮大學當「職業安全系」系主任及所長，還有長榮大學「研究發展處」研發長。「台灣研究所」就是他邀集了林玉体、莊萬壽等著名教授加以成立的。那時只約略知道他是留美博士，擔任過衛生署藥檢局局長和預防醫學研究所所長，又曾擔任民間生技研發公司的總經理，可說是橫跨產官學三界和文史科技的能人。由於洪教授謙虛內斂，我個人又見識短淺，生性粗疏，對他的工作性質，乃至對國家和國人衛生健康的重要性和貢獻，並沒有深入的認識和了解。藉著校對洪教授八十大壽專輯，我有幸先睹為快，得以更深入了解這個了不起的人和組織，進而知道他是怎樣施展一個讀書人的抱負。是透過什麼樣的過程，得以養成這樣一個台灣的科技官僚；是什麼樣的因素和契機，使他能夠在一般認為比較黑暗的政治領域，得以大開大闔，發揮才幹和抱負，既成就個人，又成就他人，更進而報效國家；我們又如何跟他學習求學精神和治世的哲學。一個台灣現代知識份子，不能只會扮演空議論的書生和自嘆懷才不遇的落伍角色。過去台灣菁英痛恨政治不肯從政的人很多，讓政界水準低落而且愈加黑暗。現在看了這本書給我很大的啟示，對台灣成為更現代化的進步國家，也更具信心。相信台灣一定不乏像洪教授這樣的人才，只要他們肯像洪教授這樣投入政治，一定可以改變台灣黑暗的政治。

洪教授如果當醫生，也會是很好的醫生。當我了解到他的工作性質是對像SARS、禽流感、非洲豬瘟、雞瘟、口蹄疫、登革熱、瘧疾、痢疾、小兒麻痺、多氯聯苯、食物中毒等等造成大眾傳染和中毒等傷害的預防和對治時，充當測試、研究、管理和協調的角色。我覺得像他這樣一個人，在他的工作崗位對大眾健康所發揮的作用，有時可能還要比單純當個醫生要來得廣泛而重要吧。

如果仔細閱讀本書，可以從許多同儕共同撰寫人的文章，認識洪教授這個人，也可以對台灣衛生和國家的現代化，有更深的了解和期待。從一個台灣鄉紳家庭的教養，可以看到他父親傳統儒家漢學詩教，養成的好學和文雅，以及日式教育嚴謹剛正清廉對他的影響；從他個人天資聰穎和自我鍛練，養成他不斷追求卓越、獨立自信的志氣；從他的求學過程，可以看到台灣教育提供的良好環境，和同儕互相砥礪養成的團隊精神和相濡以沫的人情味；從他留學美國攻讀碩士博士的過程，以及和美國恩師的互動，可以看到他領受西洋學術文化精髓和自由開放的學術風氣之外，他還具有一種英國式的幽默感。所以從他身上可以看到揉合了台、日、美、華四種文化精華的典型。以這樣養成的人格特質，在台灣科技官僚組織從政，就是我們看到的既能幹肯幹，清廉剛正，又能體諒他人、成就他人，帶領團隊直追世界先進國家衛生醫療水準的洪博士。

我尚且知道，他還有一顆熱愛台灣、熱愛國家的心。科技官僚組織依賴的是實事求是的科學和技術，但是政治的黑手，有時還是敢伸進這個領域。他曾因不准有汙染的「B型肝炎疫苗」施打新生兒而「被」下台，據稱這個疫苗是國民黨和台糖投資的保生藥廠提供的。另外一次又因阻擋「國光疫苗」而下台，以前藥品食物管理局，多有貪污腐敗的情形。許子秋署長就因看中洪教授學有專精，又清廉剛正，所以委以重任。儘管如此，以他的科技專業和行政能力，還可以有超越藍綠黨派的空間可以任他揮灑，我們很高興看到台灣的這個進步。中國這個專制政權，現在爆發「武漢肺炎」危害全中國和全世界，到底是天災還是人禍？這不值得台灣和中國的反省和警惕嗎？但是台灣在民主政治的發展上還未脫人治社會的落後現象，政府組織和國家權力，仍然存在黨國舊勢力和意識型態的遺毒，人民的思想信仰還很陳腐幼稚。我知道他除了秉持一貫的入世精神，參與政治改革之外，並利用超過十年的時間，研讀西洋哲學思想、政治學，並研究美國開國以來的政黨政治，大致上也完成了初步的架構。本來要做為本書的一部分刊出，但因為時間來不及，也怕本書會變得太複雜而失焦，後來洪教授決定要等更加完整的系統化整理之後，另外出書。其實光閱讀本專輯，閱讀洪教授的人生經歷，如上所述，也就夠精彩的了。出書前夕，正好發生「武漢肺炎」，或許是老天垂憐眾生吧。天佑台灣！也天佑中國！

二〇二〇年三月二十三日

天怒人怨

台語有一句話很有哲理：「梟掰e無落魄e久。」翻譯成漢語就是：「囂張的沒落魄的久」，但還是用台語發音才更到位。這是只有曾長期被霸凌，卻無處申冤，只得忍氣吞聲，把眼淚往肚子裡流的人，才能完全體會的一句話。但是這句話出自台灣人之口，馬上獲得台灣人的共鳴。原因無他，因為台灣人就是這樣被長期霸凌的可憐人。

那個長期霸凌台灣的國際流氓中國，因為美國政客誤判情勢，養虎為患，加上台商西進，造就中國成為世界工廠。當中國成為暴發戶之後，就到世界各國擴張勢力，收買國際組織，挑戰世界秩序，霸凌台灣。讓台灣從「亞細亞孤兒」更升一級，成為「世界孤兒」。世界各國，往往重利輕義，沒有人願意為了台灣，得罪中國惡霸。這是人類道德的墮落。今天因為「中國肺炎」而受害最嚴重的國家，除了幫助中國崛起的美國之外，還有最傾中的義大利。他們還有上帝、天主可以依靠，但大多數台灣人沒有真正的宗教信仰。因為多神教和原始迷信的關係，他們對神的概念有點模糊，而且沒有很堅實的宗教哲學理念。在最無助的時刻，他們求助無門，呼天天不應，叫地地不靈。就算如此，他們也終於熬到了這一天，讓我們見證了這句似乎富含哲理的話。

世界的秩序及和平，應該建立在一個合乎人性和善良的道德基礎上，而非弱肉強食的叢林法則中。中國人民，包括在台灣自認為是中國人的人，應該拋棄偏狹的民族主義，冷靜思考一下，今天中國共產黨政權的種種作為，到底要把中國帶到哪裡去？看到中國的所作所為，難道他們不感到難過嗎？

違反世界潮流和人民期待，實施專制獨裁統治；禁止人民言論自由，控制網路資訊，剝奪人民知的權力；禁止人民宗教自由，關押虐殺法輪功信徒，血淋淋活摘器官出售；設立集中營，拆散維吾爾人家庭，關押百萬維吾爾人；壓迫圖博人，打壓宗教信仰，讓幾十個喇嘛先後自焚殉教；違反國際規約和對香港一國兩制五十年不變的承諾，引爆香港人民「反送中運動」，猶不知悔改，反而變本加厲強力打壓，在這疫情十分嚴重之際，還收押十幾個民主派人士；在自顧不暇的肺炎疫情中，還派軍機軍艦繞台恐嚇台灣；隱匿疫情不說，還打壓示警的醫師，對待染病或一般民眾的粗暴、非人道處置等等，這些殘暴的罪行，都在現代網路資訊的流通下曝露在我們眼前。任何有道德良知和慈悲心的人，看到這種種罪惡，沒有不感到難過的。為什麼中國人不難過？難道中國人的世道人心也和共產黨一樣壞？或中國人民無知懦弱，永遠不知反省，不敢反抗？難道中國人也只有像台灣人一樣，在心中產生「梟掰e無落魄e久」這樣的哀嘆，而期待著中國崩潰的天罰？然而，可憐的中國百姓何辜？

現在「中國肺炎」方興未艾，造成世界各國重大的傷亡損失。已經有很多國家要對中國提出告訴，要求賠償。美國已經有幾個州對中國提出告訴，相信有更多的州會跟進。美國海軍戰爭學院國際法教授James Kraska認為，依照國際法告訴有兩條途徑可以依循，一是國際法庭；另一個是聯合國常設仲裁法庭。國對國提告，中國可能提出主權豁免的主張。但是各國可以按照國際法的國家責任法，進行自助求償。因為根據「國際衛生條例」，中國有義務將疫情訊息通知「世界衛生組織」，並保持資訊透明。中國在二〇〇五年參與制訂「國際衛生條例」，且是締約國之一。這一次中國明顯違反條約，被追究責任是無法避免的。

這個「中國肺炎」不但害慘全世界，且讓中國人民死傷無數。不但如此，更將提早結束「中國製造」，這將導致經濟大崩潰，和大失業潮。才稱帝沒幾個月的習皇帝，除了來自國際排山倒海的譴責提告，也將面臨暗潮洶湧的內部鬥爭。或許長期霸凌台灣的中國惡霸，會如蘇聯一樣，在一夕之間就土崩瓦解也說不定。那麼不但台灣人，連中國人民也將會大嘆一聲：「梟掰e無落魄e久」吧！沒有勇氣革命的中國人民，或許反而會因禍得福吧？慰之以天道，這是人性多麼無奈的悲哀啊！台灣人不應該只是無奈，而應該作更多努力。或許我國可以考慮也對中國提出告訴，請求賠償吧。

二〇二〇年四月二十四日

二二八的荒誕戲碼

不記得哪一年，李登輝前總統開始主持紀念二二八，並代表政府向受難者和家屬致歉。那時參加紀念的受難者家屬和民眾，心中都知道兇手是誰，但是真兇沒出面悔過道歉，反而是由李登輝這樣一個台灣人出來道歉，感覺有點怪怪的。儘管李總統極度認真而嚴肅地演出這個荒誕戲碼，但是受難者家屬的悲慟，並沒有因而緩解；歷史的陰影也沒有絲毫褪散。李登輝前總統或許還有一石二鳥的算計，利用這個戲碼，來壓制反李的外省集團的嫌疑。總之這是政治手段多於追求正義的單純動機，要不然台灣的轉型正義就不會一拖拖了超過二十年。自那以後，歷經四位總統，每一任總統在每一年的這一天，都要行禮如儀演出同樣荒誕的戲碼。總統照本宣科讀稿，就如無法寫出定論的文字碑一樣，聽者毫無感動，講者愈來愈心虛，心情愈來愈麻木。而大部分民眾在這一天，除了賺到一個不必上班的假日之外，既不會感受受害者和國家受到傷害的悲慟，也無歷史深刻的反省。這個假放得毫無作用，也毫無價值。

紀念這個悲哀的日子，絕非為了挑起仇恨，而是為了刨除仇恨的根苗和種籽，讓加害者受到批判認罪悔過，或受到懲罰以贖罪，讓正義可以在我們的國家彰顯，記取歷史的教訓，永不再犯。至於受害者及家屬願不願意原諒，或能不能撫平傷痛，那是宗教和屬靈的層次。紀念這個不幸的日子，當然是希望能從此撫慰亡靈，讓生者可以攜手走出歷史的陰影，共同締造一個更講公義更為和諧而有愛心的國家。但可惜台灣好像一直卡在這個不幸的日子不斷輪迴，不得超生。追究原因，就因為國家檔案不公開，加害者還躲在黨國惡勢力包庇的黑暗中，以致加害者逍遙法外，受害者陰魂不散。

今年蔡英文總統在二二八這一天，雖然還是一樣照本宣科讀稿，但是最重要的是要國安單位，在一個月內公開檔案。她沒有特別指出是二二八事件或林宅血案或陳文成命案，但是我認為所指應該是包括所有歷史檔案才對。雖然婦聯會黨產資料被認為是她有故意放水，讓她的乾媽辜嚴倬雲得以從容藏匿檔案帳冊脫產的嫌疑。但是如果不是故技重施，那對國家絕對是大功一件。我們就耐心等這一個月，看事情如何發展。

我們對她的承諾之所以沒有信心，是因為她司法改革、轉型正義的承諾都跳票，還有連自己的學位論文檔案都要封鎖三十九年，我們真的很難再相信她的承諾。為什麼是一個月之內？難道連這個時程也經過精算嗎？如果這張支票在三月二十八日得到兌現，那五月二十日總統就職那一天就有很亮眼的政績。或者如果又再度跳票，那或許藉著就職的熱鬧活動，轉移人民的不滿也說不定。反正大家就盯緊這個承諾，再相信她一次好了。

二〇二〇年二月二十八日

台灣牛身上的燙金烙印

民進黨提出一個自以為聰明的宣示：「台灣已經獨立，國號叫中華民國。」我之所以會說他們「自以為聰明」，是因為他們的政客雄辯滔滔、自鳴得意的樣子，讓人很難不這樣感覺。儘管很多人都知道，這是很阿Q的宣言，也是喊起來很心虛、很荒謬的口號，但是卻成為這些政客朗朗上口的咒語。不知聰明的他們，有沒有好好想過這個宣言背後所隱含的動機和意義，乃至其中令人痛苦的悲劇性。

台灣人脖子上扛著枷鎖，手上銬著手銬，腳踝釘著腳鐐，這就是台灣人背負著「中華民國國號」、「中華民國憲法」和「中華民國國旗」的三個象徵。而從這裡所衍生出來的枷鎖，又以「中華民國身分證」、「中華民國護照」、「中華民國國歌」最令人感到困擾而荒誕。一個不合法的流亡政府，用強迫手段強加不合法的種種措施於身分未定的台灣人身上，連帶使所有台灣人也跟著它不合法，成為在國際上處處被打壓，時時刻刻被武力恫嚇威脅的孤兒。連最近由中國傳染全世界的武漢肺炎，也發展成中國可能藉著對台灣發動戰爭來凝聚其民族主義，以對抗全世界這樣的憂慮。「中華民國」帶給台灣人的不但是二二八、白色恐怖統治、三十八年的長期戒嚴、貪腐無恥的政治、殘暴的特務軍事統治，還有和「中國」糾纏不清的混淆和糾紛。因為這個國民黨流亡政權貪腐殘暴的殖民統治，使得很多台灣人在內心中，不願意承認「中華民國」，連帶也不喜歡「中華民國國歌」和「中華民國國旗」。而實際上，「中華民國憲法」的制訂，並沒有台灣人民的參與，它所列舉的領土，也不包含台灣。反而它還堅稱早已獨立的蒙古國，和有爭議的圖博和東土耳其斯坦，甚至早已在一九四九年取代「中華民國」的「中華人民共和國」全國，是「中華民國」的領土。但是國民黨和傾中政黨卻動不動就拿「中華民國憲法」當作鬥爭的法寶。一個金門的民意代表，一句話就可以振振有辭地否定「台灣已經獨立，國號叫『中華民國』」這樣的陳述，和台灣獨立的合法性，或合憲性。

印有「中華民國國旗」的「中華民國身分證」，本來是國民黨流亡政權非法強制發給台灣人的盜竊行為，當時曾被聯軍之一的英國所反對。但是台灣人沒有這一張身分證，什麼權利都無法行使，甚至可以說寸步難行。久而久之，大家背負這個枷鎖也就習以為常了。最令人不解的是，民進黨蔡英文政權，居然要重新印發「中華民國身分證」。這不啻是自詡為代表台灣人政黨的民進黨，承認「中華民國」合法性和正當性的宣示。以民主進步為口號的民進黨，作這種事關重大的宣示，有尊重權體台灣人民的意見嗎？他們會否決東奧正名公投，我們一點也不必覺得突兀了。

二〇二〇年四月十日

借屍還魂話中華

民國四十八年在台灣發生一件借屍還魂的靈異事件，到了二十一世紀的今天，仍然沒有人能合理解釋這個現象。

故事發生在雲林麥寮，有一個叫吳林罔腰的婦人，在斷氣之後又活了過來。奇怪的是她醒過來之後卻稱自己是金門人朱秀華，否認自己是林罔腰。可是她一輩子也沒去過金門，更別說還知道這個連金門人都不一定知道的名字。更不可思議的是，本來體弱多病的身體變得很健康，口音從海口腔變成廈門腔。而且本來不識字，卻變成識字而且會記帳。故事傳開後，很多人好奇地去金門多方查考，終於發現果然有這個人。連她父親名字和地址都有，但是人都不在了。從此以後，吳林罔腰的肉體就居住著朱秀華的靈魂而存在於這個世上。六十年後一直到九十幾歲才壽終正寢，家人依照她的遺願，以吳林罔腰和朱秀華兩個名字，舉辦告別式，讓這兩個不知幸或不幸，糾纏不清的存在，終於有個了結，入土為安。

科學很難證明或解釋借屍還魂這件事，但是世界上，確實有名叫「中華民國」的亡魂藉著名叫「台灣」的身體而還陽。「台灣」從此被「中華民國」亡魂所盤據，無法作自己。

很巧的是，最近有個自稱是「中華民國」金門人的立委，在國會對身為台灣人的蘇貞昌院長打臉「台灣」不是一個國家。她用「中華民國」符咒，往「台灣」額頭一貼，好像中邪一般，平常辯才無礙的蘇貞昌，馬上變得灰頭土臉、結結巴巴。這是活生生發生在你我眼前的借屍還魂事件，一點也假不了。

蔣介石於民國三十九年在陽明山莊對國民黨幹部講話說：「我們的中華民國到去年終，就隨大陸淪陷而已經滅亡了。」宣告「中華民國」的死亡，沒有比蔣介石更具有權威性的了。而且他復行視事，又成了「中華民國」總統。「中華民國」也就這樣在「台灣」借屍還魂，繼續活到今天。然而更巧合的是，和吳林罔腰一樣，還魂後台灣人開始講「國語」，連自己的母語也不會講了。而且一直否認自己是台灣雲林的吳林罔腰，而自稱是福建金門的朱秀華，甚至連自己的丈夫和親人都生疏如陌生人。這是不是和今天台灣被中華民國借屍還魂後，出現在台灣人身上的狀況很像？

當這個金門立委祭出「中華民國憲法」黑旗，把「中華民國」亡魂牽出來時，蘇貞昌為什麼不會問這個金門立委，她是幾千票選上來的？而台灣的立委通常至少要幾萬票才能選上。她認為這樣的「中華民國」是正常的國家嗎？以福建的人口和面積來算，金門又是福建的幾萬分之幾？以她的得票數，她又有多少代表性？她又能代表誰呢？還好意思那麼大聲、那麼理不直而氣壯！像這樣的借屍還魂也未免太囂張、太可怕了吧！

「中華民國」這具僵屍借「台灣」還魂，至今已經超過七十二年。被「中華民國」亡魂霸佔的「台灣」，到底什麼時候、要用什麼方法才能擺脫這個陰魂不散的「中華民國」？這個「中華民國」的亡魂，大部分是依靠對台灣人宣傳洗腦的「中國文化」而陰魂不散的。或許台灣人要擺脫霸佔台灣的「中華民國」，最根本的辦法是學習進步的西方思想文明，清洗封建落伍的「中國文化」毒素，去除不合理的「中華民國」體制，才能還給台灣人一個自由而正常的心靈和國家。而我們或可從這個靈異事件的結局得到啟示，或許像為吳林罔腰和朱秀華，一起辦一個告別式一樣，讓一個已經死亡七十二年的「中華民國」，和過去被亡魂霸佔了七十二年的舊「台灣」體制，一起向世界告別。以全新的憲法甚至全新的國名，向世界昭告，一個從文化到體制都是全新的國家的誕生。不知大家以為如何？

二〇二〇年四月十二日

革命的悲劇和救贖

革命家儘管勇氣和意志超乎常人，但是畢竟也無法超脫生命自然的鐵律。早年充滿理想和正義，勇猛衝撞專制殖民政權的革命青年，歷經一場又一場可歌可泣的戰鬥，逐漸贏得政權，坐上高位之際，正該可以將民主、獨立的理想往前再推進一步的時候，生命卻已走到垂垂老矣的強弩之末，而政治浪潮波濤洶湧，並不特別對誰慈悲。在風頭浪尖上載沉載浮者，英雄幾希？回首前塵，對個人來說，那美好的仗已經打過，但對國家來說，卻是國家的不幸、革命的悲劇。

從勢單力薄的「黨外時代」，到稍具雛形的「美麗島」時代，進而到寫遺書衝破黨禁，成立「民進黨」，屢敗屢戰一路發展壯大，終於在二〇〇〇年陳水扁當選總統完成第一次政黨輪替，雖然朝小野大，黨國餘孽勢力盤根錯節，但一九八七年解除戒嚴以後，革命再也不是殺頭的生意，所以投入者眾。然而正如賀佛爾（Eric Hoffer）在《群眾運動》所言，初期參加革命者，無不懷抱革命理想，拋頭顱灑熱血也甘之如飴；而革命成功之後，就會湧入大量投機份子，爭食政權大餅。這些投機份子人數更多，也更年輕，具有革命理想的或許不乏其人，但爭權奪利更是人類的根性。於是把政治當事業在經營，拉幫結派者更多。久而久之，見怪不怪，革命漸漸變成「反革命」，再進而變成「被革命」，也和人類生命的軌跡一樣，由盛而衰、而亡。這是人道還是天道？總之，這是革命的悲劇。

民進黨走到蔡英文當選總統的二〇一六年，聲勢可說如日中天，達到巔峰。然而二〇一九年總統初選，黨中央一再違反民主程序，強替蔡英文作弊，作掉賴清德，乃至反公投、控媒體、腰斬強力監督民進黨的「政經看民視」，可以說墮落至極醜態畢露。若說這是量變導致質變，是必然的不幸，但也讓我們看到，往昔的老革命，在民進黨中毫無作為，甚至也鮮見影響力。或許形勢比人強，說他們同流合污太難聽，說他們明哲保身，自甘雌伏，也不為過。是革命的成功來得太快、太輕鬆嗎？是人性必然的墮落嗎？是台灣人吃的苦還不夠嗎？把政治當事業在經營變得市儈，把政壇變成秀場卻洋洋得意。台灣的革命和獨立運動，顯現哲學的膚淺和精神的粗俗。當社會迷失於後現代虛擬、輕浮的狀態中，民進黨也正好走到了違背民主、背叛理想的逆流期。

誰來阻擋這股逆流？當政黨政客尾大不掉、為所欲為，而革命變成悲劇的時節，要救台灣政治，必須先救民進黨；要救民進黨，必須先救媒體；欲救媒體，人民必須重拾革命的初衷和熱情，把民進黨伸入媒體的黑手斬斷，並唾棄和民進黨同流合污的媒體人。要擦亮「台灣的眼睛」，須得先找回良心。不知大家以為如何？

二〇二〇年四月三十日

報格・黨格・國格・人格

雖說人權天賦，但是人權卻不會從天上掉下來。就如上帝讓樹上長滿了果實，但是人類想要吃果子，還是得自己動手摘。台灣人爭取人權的歷史，遠的不說，近的從國民黨流亡政權竊據台灣這七十二年來說，可以用可歌可泣四個字加以形容。在戒嚴時期，國民黨掌控媒體箝制言論自由的手段，可說無所不用其極。對追求民主自由的台灣人來說，那是一段淒風苦雨的辛酸歲月。對一九八〇甚至一九七〇以後出生的年輕人來說，如果不知道那一段追求人權和自由的歷史，或許不能體會今天他們所享有的自由和人權，是經過多少民主鬥士流血流淚的犧牲才爭取到的果實，是多麼珍貴，多麼得來不易。

早期的電視三台，華視、中視、台視全部由國民黨掌控。報紙則是由聯合、中時、中央三大報壟斷。毫無「報格」可言。國民黨以缺紙為由，限制人民辦報，這是中國人除了指南針、火藥、造紙之外的偉大發明之一。很諷刺地，中國雖然自稱發明指南針，但是國家現代化仍然迷路，以致軍機軍艦像迷路一般，在台灣和日本海域繞來繞去，不知目的為何；雖然說火藥是他們發明的，但是今天被火藥炸得最慘的，非中國人民莫屬；而發明造紙的中國人卻跑路到台灣宣稱缺紙，所以不准人民辦報。在我來看，台灣缺的不是紙，而是「自由」。國民黨在中國被共產黨打得抱頭鼠竄逃到台灣流亡後，對於人民的嘴巴極度恐懼，言論自由乃成為這個殘暴的外來政權的夢魘。警備總部、總政治作戰部、國安局、情報局、調查局、新聞局傾全力控制資訊的流通，完全剝奪人民知的權力不說，還不准人民有說的自由。害怕人民言論自由的程度，和今天中國共產黨在中國維穩的作法，何其相似。

然而，台灣人爭取言論自由的民氣，沛然莫之能禦。國民黨政權還算懂得大禹治水，防堵莫如疏浚的治水之道，所以雖然控制言論自由仍然霸道，但是他們很巧妙地運用「軟索牽牛」的方法，細膩操控副刊文藝，以吸引日漸流失的民心和閱讀群。這個操控的證據，由在美國大學任教的張誦聖博士，以簡體字版在南京出版的學術著作《台灣文學生態》稍稍加以批露了。可能以同樣的算計，國民黨讓作為民意壓力鍋洩壓閥門的《自立晚報》得以創立。雖然這個比較具有批判性的報紙，其言論尺度仍然受到嚴格的管制，但是成為當時台灣追求言論自由的人民的最愛，乃是必然的結果。就因為《自立晚報》表現了最起碼的「報格」，人民對吳三連發行人、編輯、記者乃至評論家，不但欣賞而且敬佩。後來報禁解除，本土自由派人士曾經辦了諸如《自立早報》、《首都早報》、《台灣日報》、《台灣時報》等報紙，但是辦報耗費鉅資，經營不易，實在難以為繼。只有財力雄厚的《自由時報》一枝獨秀，成為台灣的第一大報。這固然要歸功於報禁和戒嚴的解除，使得言論自由可以在《自由時報》得到完全的發揮。黨外運動乃至衝破黨禁創立的民進黨，和黨禁解除之後的民氣，都有利於這個本土大報發揮言論自由。《自由時報》林榮三、編輯、記者和評論家，都成為追求自由民主和獨立的領頭羊。而由民間集資創立的《民視》，以「台灣的眼睛」、「人民的心聲」為口號，同樣在國民黨三台之外，成為受到台灣人喜愛信賴的電視媒體。尤其在郭倍宏董事長的經營下，彭文政主持的「政經看民視」，批判政府和政客的弊端，不分藍綠，也不留餘地。成為台灣人不看睡不著的政論節目，收視率也成為政論節目的前矛。這固然也是大勢所趨的結果，但是堅守為民喉舌的「報格」，才是受到閱聽大眾支持的原因。

然而就在台灣人辛苦抗爭幾十年，終於爭取到言論自由的時候，誰也沒有料到二〇一九年蔡英文領導的民進黨，居然作出許多背叛民主、打壓言論自由的事情。阻擋「東奧正名公投」、把民視胡婉玲叫進總統府，很難令人不聯想和郭倍宏下台、腰斬最受歡迎的「政經看民視」有關。三立電視老闆介入民進黨中常會、中執會權力核心，形成外界所稱的「海派」。這和《聯合報》《中國時報》報老闆當國民黨中常委，有什麼不同？不但如此，連《自由時報》的一些專欄作家和政論家都抱怨他們批評蔡英文和民進黨的文章都被拒登，這是以前從未發生過的情形。我們雖然沒有掌握民進黨利用執政的權勢影響這些媒體的證據，但是事實結果確實是如此，這是「報格」淪喪的事例。從民進黨和蔡英文這一兩年所暴露出來的種種倒行逆施、如總統初選一再作弊，加上她的博士論文疑點重重，說不清楚講不明白而欲蓋彌彰，我們當然有合理懷疑的理由，民進黨現在表現出來的是「黨格」的淪喪。

談到對台灣獨立「國格」的推動，本是民進黨的黨綱，但是現在不但不作為，甚至還開倒車，阻擋「東奧正名公投」、連武漢肺炎之際，要贈送他國口罩作善事外交，也派CHINA AIRLINE飛機運送，把功德作給了CHINA。在民進黨內，則意欲取消台獨黨綱，還想要由台灣人政權重發沒有正當性的中華民國身分證，動機實在令人懷疑。這種關乎全台灣人民身分地位的事情，也不曾尊重台灣人的意見，就逕行宣佈，這是民進黨自稱的民主和進步嗎？

追根究柢，「報格」、「黨格」、「國格」的淪喪，全部都可歸咎於政客「人格」的淪喪。現在主要媒體已經喪失「報格」之際，只剩下陳永興社長主持的《民報》在經濟非常困難的情況下，堅守正義和批判精神的「報格」而奮戰不懈。我們也看到總編輯和工作團隊，不眠不休的工作精神，還有一群專欄作家秉持正義的原則，對時政作出公正不阿的批評，目的無非為了追求一個美麗良善的台灣國。當大部分民進黨政客在爭食執政大餅而忘記當年奮鬥的理想的時候，他們的「人格」變得猥瑣而醜陋。反而《民報》這些不忘初衷的民主鬥士，彷彿回到當年在困難中追求理想而充滿朝氣的時代一般。當我看到為理想受苦受難而奮戰不懈的人，他們的生命是那麼充實，面貌是那麼純潔而美麗。反而那些政客為了一點私欲享受，就使生命變得猥瑣而不自知，是多麼可悲啊！但是這些已經腐化的政客，已經不可救藥。反而人民為了自己的自由和幸福，應該趕快覺醒過來，有錢出錢，有力出力，大家來支持為人民爭取知的權力，和言論自由而奮戰不懈的《民報》！

二〇二〇年四月十六日

台灣人民就職宣言

「中華民國總統」蔡英文的就職宣言，我等台灣人本無任何期待，也無任何興趣。「中華民國」本來就不是我們的國，這是歷史的錯誤和悲劇造成的荒謬。二戰後日本拋棄對台灣的主權，台灣並未歸屬任何國家，也沒有正式宣告獨立。這個歷史錯誤，美國欠台灣人一個公道。而蔣介石流亡政權帶到台灣這塊土地上的「中華民國」，用謊言欺騙台灣人，並用槍桿子恐怖手段欺壓台灣人，讓這個附身台灣的「中華民國」，至今成為台灣人甩不掉的殭屍，而這個殭屍更帶給台灣人和「中華人民共和國」牽扯不清的糾紛。

歷史的錯誤必須被糾正，但是這個糾正，必須由台灣人自己做起。所有的台灣人必須知道自己的身世和歷史真相，而第一步就是要認清「中華民國」不是台灣人的國這個事實。那是強加在台灣人身上，既無合法性，也沒有合理性的國號和體制。在這種扭曲和不正常的環境下，台灣人選「中華民國總統」，不知該覺得高興還是悲哀。台灣人應該高興的是，自從一九九六年台灣在「中華人民共和國」武力威脅恐嚇下，台灣人可以由台灣人民直選選出「中華民國總統」，這到底要解釋成「台灣」獨立或「中華民國」獨立？國際上如何認定？台灣人自己如何認定？

台灣人如何被「中華民國」血腥加白色恐怖統治的歷史檔案，在民進黨蔡英文政權二〇一六年全面執政以來，已經過了四年，都無法公諸於世。這到底是在保護誰呢？合理猜測，可能還在政壇活躍的，包括曾當國民黨抓耙子的民進黨人，當然不希望自己不堪的紀錄公諸於世。台灣人無法知道「中華民國」欺壓台灣人的真相，無法知道自己可憐的身世，和這個「中華民國」到底有多邪惡，到底是什麼關係，又如何能對「中華民國」總統就職，高興得起來呢？

在國民黨的淫威和邪惡誘惑下，自願或不敢拒絕當抓耙子的台灣人，一定很多。那是歷史的悲劇，我們可以體諒。但是如果為了一己之私，企圖掩蓋歷史真相，那就對不起台灣人，也對不起歷史。承認這個歷史錯誤，接受這個歷史悲劇，給於台灣人一個更忠厚、更明智和更深沉的歷史性格。能夠勇敢承認自己的錯誤，還歷史一個真相，還台灣人一個公道，善莫大焉。我所尊敬的詩人前輩錦連，在生前就曾公開國民黨如何要他當抓耙子的經過。他不敢拒絕，但他從未打過小報告，後來也終於能夠擺脫人二的糾纏。這樣光明磊落的陳述，讓我們對他更加尊敬，這才是台灣真詩人。

蔡英文總統自從二〇一九年民進黨總統初選以來，受到很多質疑和批評。在總統就職的這一天，設身處地替蔡英文總統想一想，這也真夠悲哀的。朱孟庠最近在民報的一篇專文，曾透露她的舅公辜寬敏先生對她說，希望有生之年要替蔡英文創造台獨的條件。辜寬敏先生顯現台灣人寬厚的個性，對蔡英文當總統卻不敢向台獨走一小步，他以長者的身分，或許還懷著台灣人的悲哀，對蔡英文當「中華民國」總統的處境有所同情。但是蔡英文個人自己犯下的錯誤，終就還得由她自己承擔。但我們更在意的是，台灣的地位、台灣人的正義。

在這個武漢肺炎和中共威脅之下的「中華民國」總統就職的這一天，我們在那抹揮之不去的台灣人的悲哀之下，要向世界堅絕表達我們台灣人要獨立的心願。台灣人這樣的心願，不必在國際強權的夾縫中閃閃躲躲，也不必用曖昧模糊的政治語言來宣告。我們台灣人要大聲說出來：台灣要獨立！

二〇二〇年五月二十日

「務實的台獨工作者」注

生命存在的現象，永遠是現實的。所有生命賴以生存的物質和環境，都受到現實的法則所支配和左右。但是人類歷史所呈現的現實是，人類做為一個群體的進化來看，其核心的驅動力，則是對現實的不滿，以及對「理想的現實」更美好的想像，這就是所謂的「理想主義」。人類文明之所以能不斷進步，不是因為對現實的屈服，而是對現實的反抗。然而，現實的力量何其強大，個人的力量又何其渺小。因循苟且、安於現狀又是多麼方便、多麼理所當然。儘管對現狀有多不滿，儘管懷抱的理想有多偉大，現實總會展現無所不在的障礙，和無比強大的力量。當理想碰到現實的阻礙，一個人在關鍵時刻的抉擇，才能判別他是真正的「理想主義者」或是「現實主義者」。

「理想主義者」或「現實主義者」只是一個人理念的屬性，沒有對錯。只有在客觀環境有矛盾和衝突的時候，其價值判斷和抉擇才有對錯可言。然而為什麼台獨工作者，必須冠上「務實」兩字？為什麼沒有人會說：「我是一個務實的統一工作者」

呢？把自己從獨派中區隔出來，是不是意味著另有「務虛」的獨派？這不是很費疑猜的嗎？在這世上生存，誰能不務實呢？「務實的台獨工作者」，語意上由「務實」二字定了調。如果碰到現實問題，其抉擇會是屈服多於對抗的。二〇一九年三月十八日賴清德意外宣布參加總統初選，這是強力挑戰現實的「理想主義」英雄的表現，也獲得眾多「務虛」的獨派的支持。但是卻在蔡英文和民進黨黨中央多次作弊下，不敢主張自己合法的權利。後來又在蔡英文集團的淫威逼迫下，接受蔡賴配，等於替蔡英文的作弊背書，其實這時賴清德對蔡英文的價值只是一塊遮羞布而已。而英粉之所以興高采烈，是因為賴清德的屈服，讓他們覺得對蔡英文的支持更有正當性，也證明賴清德最後的抉擇，和他們沒有兩樣。他們在綠營的分裂中，也等於得到了正當性。這就是賴清德在理想和現實衝突的關鍵時刻所做的抉擇。是「務實」的具體表現。大家應該不會感到奇怪和意外才對。

其實「務實」不是精確的語意表述。和現實對抗的是「理想主義者」；而屈從現實的則是「現實主義者」。在這兩者之間搖擺遊走的，叫「中庸派」。同樣地，「中庸派」也沒有對錯可言。只有在關鍵時刻對關鍵議題做出抉擇的時候，才有對錯的判別。「中庸派」是哲學味的稱呼。其相反詞是「極端派」。「騎牆派」則含有投機份子的貶意。看起來「中庸派」在台灣是人數最多的一群，畢竟對大多數人來說，最安全的選擇是中庸。不求有功，但求無過；即使錯了，也錯得有幾分道理，如果大家都錯，那就更錯得理直氣壯；而佔據最佳位置，看風向隨時調整立場選邊站，哪個政壇長青樹不是如此。更何況，他至少有個想法、有個關懷，這比那些完全不關心國事的人要好得多，不是嗎？其實「理想主義者」為形勢所迫屈就現實，也不算丟臉。民主沒有英雄，而人民總是最後的贏家。在國際孤兒狀態下，天天被中國霸凌的台灣，「理想主義者」不會滅絕。而在台灣人的夢魂中，對英雄的召喚也不會停止。骰子一擲，才知輸贏。祈禱上帝賜給台灣人足夠的勇氣。

二〇二〇年六月四日

還台灣政治一個清明

二〇一八年十一月韓國瑜在高雄以八十九萬票當選市長。二〇二〇年六月又以將近九十四萬票被罷免。在短短不到一年半的時間，韓國瑜創造了兩個前所未有的奇蹟。而台灣選民在這當中表現出來的，到底是智慧或是愚蠢？台灣的民主所表現的，是成熟還是幼稚？這實在是台灣政治值得研究的課題。

從韓國瑜的被罷宣言來看，他並沒有檢討被罷的原因，也沒有承認錯誤，對韓粉和國民黨顯然會有後續的影響。他機關算盡，教選民不要出來投票，只出來監票，帶有恐嚇選民的意味。結果選民不吃這一套，仍然堅定罷韓。他卻能硬幺一百三十萬沒有出來投票的，都是不贊成罷免的票。就我所知，有很多台北台中的年輕人坐高鐵回高雄投票罷韓。韓國瑜這樣說，除了顯現其邏輯的謬誤或胡說八道，更因為他的亂搞，讓不得不花錢花時間，千里迢迢回鄉投票，來糾正他的錯誤的選民聽了要更加生氣。至於對鐵粉議長許崑源疑似「殉韓」的自殺，韓國瑜把他和鄭南榕類比，如果是出於無知，那只是令人覺得可悲；如果是出於不良的企圖，那他這個人的心性就很惡毒可怕。（他曾用肘關節狠狠偷襲阿扁後腦的那一幕，我們都還記憶猶新）。這個人果然跟我們不一樣。而賴清德在初選時說他是「百年難得一見的政治奇才」，是褒是貶，那時還很難說。今天看來，可就不難論斷了吧。

既然韓國瑜和國民黨，不知道自己錯在哪裡，我覺得應該有公正客觀的民調，來告訴他。人民更需要知道什麼是對的，什麼是錯的。韓國瑜是不是會虛心看待民調結果，我不知道，但是國民黨正走在一個歷史的岔路上。國民黨何去何從，這個民調絕對有參考價值。對沒有台灣意識、不懂民主價值，而且不尊重台灣選民的政客，他們如果還想在台灣混下去，最好也看看台灣選民給韓國瑜的是什麼教訓。

台灣選民是智慧或是愚蠢？台灣民主是成熟或是幼稚？這樣的問題有點僵化。我覺得不如問，台灣選民有沒有從一次又一次的選舉中學聰明了？台灣民主有沒有更加進步更加成熟？才是比較好的問題。至於面對傾中難題的國民黨又如何呢？全面執政的民進黨，也該引以為戒，不要以為選民就會縱容你們去傾中。「蔡習會蠻誘惑的」這種話選民會認同嗎？這麼肉麻的話，說了不覺得羞恥嗎？千萬別應驗了「絕對權力，絕對腐化」的魔咒，台灣選民絕對不會永遠都含淚投票的。韓國瑜二〇二〇年選總統，幫蔡英文製造了一個超級芒果乾。很多人是因為怕韓國瑜當總統，才含淚投票給蔡英文的。韓國瑜選總統如果是罷韓的主要理由，那麼他可以說是犧牲自己，成就蔡英文的大恩人了。至於賴清德也不必在乎以後當不當總統，而是以從事台獨工作為大志。很多人步步算計當了總統。那又怎樣？將來又會面臨歷史什麼樣的審判？一個人的價值會有比當總統更偉大的吧。

二〇二〇年六月十二日

九二共死

當「中國」已經成為台灣選舉的票房毒藥時，中國國民黨出現改革的聲浪，主要的主張是反對一味傾中的政治自殺。江啟臣能打敗郝龍斌當選黨主席，讓關心國民黨前途和台灣政黨政治發展的民眾，看到一絲變革的曙光。但是國民黨黨國舊勢力和舊結構，盤根錯節，想要拋棄「中國」這塊神主牌，談何容易。江啟臣就任以來，保守有餘，開創不足，看不到任何改革的作為。現在稍微對「九二共識」表示一點意見，那些「公媽」馬上就在電視上顯靈了。

本來就子虛烏有的「共識」，硬是讓一個造謠者給創造出來。退一萬步說，就有共識，也是「一中各表」沒有共識的共識。這是共產黨的汪道涵和國民黨愛唱京戲的辜振甫，同台唱了一齣虛假的「京戲」。這樣互相表達一下和談的善意的戲，馬上被中國當成綑仙索，牢牢綑住台灣，至今糾纏不休。甚至在國際上大肆宣傳，混淆視聽。可見和中國交手（engage），絕對不可掉以輕心。蔡英文曾經說「蔡習會蠻誘惑的」，實在令我們替蔡英文捏一把冷汗，也替台灣人捏一把冷汗。

中國人善於利用中文語言模稜兩可的特性，一方面欺騙對方，一方面欺騙自己，但是碰到講究語言精確的西方人就佔不到便宜了。譬如說和美國簽公報說「在海峽兩岸的中國人，都認為世界上只有一個中國，台灣是中國的一部分」。

美國頂多只是 acknowledge 而非recognize。而台灣這邊，人口佔百分之八十五的台灣人，他們是不是中國人，承不承認自己是中國人，都還有爭議，深懂國際法的美國人怎麼可能這樣完全無視台灣人的存在，去簽這種荒誕不經的條約。他們只是為了聯中制蘇，故意保留這一點模糊的空間而已。再說到了攤牌時刻，到底誰有理，稍微用邏輯想一下不就了然於胸了嗎。我相信中國人也不可能不知道這個機關，但是能強迫美國人簽這樣的約，已經算是佔到便宜了。不管如何，吃虧的是台灣。

沒有台灣人公投同意的「一中各表」，要怎麼婊，你們中國人自己去婊；沒有台灣人同意的「九二共識」，要怎麼「共死」，那就由你們中國人自己去「共死」，和台灣人無關。

中國這個恐龍民族，幾千年來如何消滅異族文化，併吞幾百個異族的歷史，可謂血跡斑斑。（請參考莊萬壽教授的鉅著《中國民族主義與文化霸權》及《中國論》）一九四五年以來，台灣人如何經受國民黨的洗腦，台灣語言和文化如何受到國民黨的侮辱和壓制，以及這幾十年來中國共產黨如何利用中國文化和語言優勢統戰台灣，和書中所陳述的歷史，如出一轍。沒有台灣意識的國民黨人就不用說了，對毫無歷史見識和危機意識的民進黨人，想要去和中國人交手，真的應該先秤一秤自己有幾兩重。

時逢端午節，想到中國人如何利用屈原的歷史，把這一天定為「詩人節」，硬生生把台灣人本來的「五月節」變成充滿中國皇權意識的「詩人節」，不禁感到悲哀。就算以詩人的身分來思考，一個現代化的台灣詩人，也不應該把愚忠的自了漢當作榜樣。在二十一世紀的台灣，如果碰到昏庸殘暴的統治者，人民應該奮起反抗，把他罷免，而不是自己跑去跳水自殺。不知大家以為如何？

二〇二〇年六月二十六日

中國瘋了嗎？

中國近來天災人禍紛至沓來，一幅世紀末景象。中共當局不但沒有謹慎應對，反而像喪失理性的瘋子，四處點火，不知是要毀滅自己還是毀滅世界。其中最不可思議的是強推港版國安法，而且立即生效。其法條毫無法律基本概念，突顯這個國家根本缺乏法治的觀念和基礎，也毫不在意國際關係的界限。此法一出立即引起香港騷亂，和世界文明國家的強烈反對。大家百思不得其解，這個國家到底怎麼了？如果中國已經進入現代化時代，為什麼受到西方文明洗禮的知識份子，完全不起作用？蘇聯共產黨統治的失敗，已經證明其錯誤而瓦解。為什麼中國共產黨的統治，卻沒有絲毫鬆動，反而更加有效？而如果共產黨這麼糟糕，為什麼十四億人民不起來革命？

被譽為二十世紀最偉大的文學心靈、歐洲最後一位知識份子的班雅明Walter Benjamin（一八九二－一九四〇），曾經在一篇評論卡夫卡Franz Kafka（一八八三－一九二四）的文章中，提到幾個觀點，這些觀點正好可以為我們解惑。

首先他提到拿破崙曾和歌德會談，主張以政治來取代命運。在這個主題上，卡夫卡則是把社會對人們的調度和組織定義為命運。當中國這個龐大無比的國家，進入一種失控狀態的時候，人們只能歸諸命運。但是西方心靈對國家命運的解讀，自有其不同的理解。

他提到羅森茨威格Franz Rosenzweig（一八八六—一九二九）在《救贖之星》中說：「中國人內在的精神性已毫無個人特性可言；孔子所體現的智者概念，已成為一種典範，他其實沒有個人的特性」、「至於一般人於情感最原初的純淨則是一種與性格完全不同的東西，這也是中國人的特色所在」。這兩句話我可能要稍加解釋。簡單講，中國人幾千年來的意識型態塑造中，他們已經成為「基因人」。所謂「情感最原初的純淨」，就是這個基因改造的結果，這個西方人比中國人還了解中國人。中國人雖然表面上進入現代，但其實中國人意識型態的本質仍然是這樣的「基因人」。我們必須有這樣的認知，在台灣的中國人也是一樣的「基因人」，這足以解答什麼是「中國特色的社會主義」最深的根源所在。而且也可能是中國國民黨最根本的基因，所以很難改革。

和卡夫卡一樣同為猶太裔的班雅明，曾經受過馬克思主義和無政府主義的影響。但是猶太教的精神指引，讓他能看出共產主義和共產黨組織的非人性，並能夠加以超越。他當然看得出卡夫卡那些看起來荒誕的小說故事中，隱含對社會政治官僚組織對個性的扭曲和個人自由的戕害的批判。他們都是同時代的人，也都親眼見識了共產黨革命，對蘇聯共產黨的了解當然比我們深刻。但是對中國這個謎樣的大國，他們到底有什麼了解，又了解多深呢？

卡夫卡曾在短篇小說〈萬里長城建造時〉描述中國處理超大型建築計劃本身所具有的那種令人敬畏的運作模式：「中國在建造萬里長城時，便已規劃，這座位於邊境的長城應該戍守中國好幾百年，因此精益求精的建造，運用所有時代、所有民族的建築知識，以及營建參與者始終不懈的個人責任感，都是這項大工程的必要條件。那些不懂建築、靠著出賣勞力掙錢的雇工，雖然可以完成粗重的、低技術性的工作，但四個雇工卻需要一個有腦筋、且受過建築訓練的工頭來監督他們的工作。在費力地細讀最高領導者所下達的指示之前，大家既不認識彼此，也不了解自己。因此，如果沒有上級的領導，我們的常識以及我們從書本裡所得到的知識，都不足以讓我們承擔這項浩大工程所分配給我們的那個小小的任務。」國家社會對人們的調度和支配，就類似人們所面對的命運。

班雅明又引述梅契尼可夫Leon Metchnikoff（一八三八－一八八八）在《文明與歷史上的大河》所述：「與長江相連的運河以及黃河的堤岸，……就連掘土和建造堤防時最小的疏忽，或某個人或團體最輕微的疏忽或自私行為，都會造成社會的禍害和不幸。因此，一條養活眾人的河流便挾著死亡的威脅，而要求大量百姓彼此緊密而長期地團結奮鬥，儘管這些人大多互不認識，甚至互懷敵意。每個人都被分派了工作，不過，他們共同的勞動成果卻要經過一段時間才會顯現出來，而且這種工程計畫對參與其中的普通百姓來說，往往是無法明白的！」

所謂「中國之命運」就是這樣造成的。不曉得中國人自己知不知道，今天中國面對美國的經貿關稅以及智慧財產的要求、武漢肺炎的追討、中印邊境的衝突、南海造島引發的國際爭端、對台灣的刻薄打壓、大雨洪水乃至三峽大壩潰堤危機，加上自作孽的強推「港版國安法」，這在在顯示「中國之命運」即將面臨不可避免的災難。中國沒瘋，也不是神祕的命運作怪，一切都是社會集體基因的惡果造成的。

二〇二〇年七月三日

謊言效應

父母和老師從小教導小孩子不可以說謊。但是從小到大，人們為了各種各樣的理由，到底說過多少謊，可能連自己也無法記得清楚。於是說謊幾乎成為人類的原罪。而和說謊同性質的，就是cheating。Cheating 常常比說謊更容易、更多采多姿，不說話也可以是欺騙的手段。裝裝傻、抓抓頭或巧笑倩兮隨便就可唬弄過去，運用之妙存乎一心。初出洞門的菜鳥記者，碰到老油條政客，三兩下就被擺平了。

人人都喜歡誠實的人，就因為我們知道，人生在世，誠實是多麼難、多麼不容易。所以在可以理解的範圍內，我們也能體貼別人的難處，不強人所難，就讓別人偶而撒個謊，心領神會或心照不宣，不加計較，大家輕輕鬆鬆過日子。有時好不容易碰到一個超乎尋常的老實人，有良心的人還會覺得佔了人家的便宜而不好意思起來，這是台灣人寬厚和具有人情味的一面。不過這樣說，不是要鼓勵你無條件、無上限容忍說謊。

如果問路邊攤賣西瓜的小販，他的西瓜甜不甜，你要他怎麼回答你呢？

如果你問小孩，今天在學校有沒有用功讀書，你期待小孩怎麼回答你？

如此這般，我們對謊言變得見怪不怪，習以為常。對政客的謊言和欺騙，台灣的選民尤其顯得超級好騙，或不以為意。政見跳票、兩面三刀、背叛理想、背叛黨綱、上摩鐵搞婚外情，小事一樁，暗地裡搞政治通姦才更可怕、滿口正義、三句不離台灣，其實心中只有權與利。今天台灣的政客們，把選民當傻瓜，個個奸詐狡猾，面目可憎。但這是選民自己造的孽，咎由自取。沒有是非，不講真理的選民，就會選出沒有是非，不講真理的政客。國家社會價值錯亂，就是姑息養奸的結果。

光是這樣也就罷了，但是假以時日，小政客會變成大政客；小官僚會變成大總統。政客的野心，隨時間而增長。小謊言、小欺騙會變成大謊言、大欺騙。剛開始如果只是為了謀取一個教職，去偽造畢業證書和博士論文，了不起也不過是騙取博士、教授頭銜的學術詐欺犯。如果只是一個立委或主委或黨主席，偶而吹吹牛，說自己得到一個半博士學位，大家笑笑就好。但如果這是一個總統的行徑，這就不怎麼好笑了。

本來當個醫生，人生也該心滿意足了。但是為了推銷葉克膜，二〇〇〇年以來勤跑中國，教導葉克膜在器官移植手術的運用，而被懷疑牽涉中國活摘器官的罪行。如果將來證實成為中國活摘法輪功器官的共犯，對一個醫生來說，或許只是一個缺德醫生的恥辱。如果是一個台灣的總統，那台灣就可能和他一起成為國際醜聞。雖然他宣布參選市長是在二〇一三，但是他的政治野心或許是在跑中國的時候就暗中在內心滋長起來的。他的政治野心也因為太陽花學運讓他看到可乘之機。他和蔡有祕而不宣的關係，讓他們把國家政治當作私人財產一般私相授受。而台灣年輕人的後現代現象，加上以二二八受難家屬的墨綠為訴求，騙取綠色選民的選票，逼使民進黨策略性助選，在在成就了他的野望。

但是福禍相依，爬得越高，摔得越重。二十年前和三十五年前犯下的錯誤，現在變成騎虎難下的窘境。或許將來有人要為了當總統而悔不當初呢。在我看來，他們的膽子實在有夠大。

二〇二〇年七月十三日

雙城怪談

很早以前看過一部日本鬼電影《怪談》。因為時間久遠，其中的故事已經淡忘，但是幾隻在黑暗中飄來飄去的鬼，至今還留下令人毛骨悚然的印象。現在科學發達，人們受到理性的啟蒙，而且屋裡屋外，到處裝滿電燈，甚至滿佈監視器。鬼怪很難找到藏身之處了。於是現代化的鬼，也就不得不自我進化，以人的形象示現人間。這些鬼魅，不但能化為人形，而且不怕見光，甚至還特別喜歡在螢光幕上、鎂光燈下展現其魅惑的妖姿。

從二〇一〇年郝龍斌當市長開始的所謂「雙城論壇」，每年輪流在台北和上海舉辦，我們就看到那些鬼在台灣和中國之間飄過來、飄過去。首先，上海並不是中國首都，而台北是台灣的首都。以上海來配台北，擺明了要吃台灣的豆腐。郝龍斌安著什麼心，要主動或被動接受這樣有失國格和身分的安排？這只有他自己知道。況且，國防、外交、大陸事務本來屬於總統專管，為什麼當時當總統的馬英九，放任一個台北市長侵犯總統職權去亂搞？他又存著什麼心思？也只有馬英九自己知道。二〇一五年柯文哲當台北市長時，《雙城怪談》在上海舉行，由他親自赴上海參加。二〇一六年輪到在台北舉辦，中國卻派來一個沙海林代替上海市長主持論壇。沙海林是什麼人呢？他是當時中共的統戰部長！柯文哲能怎麼樣？他只能唾面自乾，派鄧家基副市長代表主持。

一個常常誇稱自己有五千年文化的泱泱大國，表現出來的行為，有一點點雍容大度的樣子嗎？雞腸鳥肚的「大中國」，找各種機會就是要佔「小台灣」的小便宜。口口聲聲兩岸一家親，對所謂的台灣同胞，用盡心機就是不懷好意。用幾千枚飛彈瞄準台灣，還常常在國際打壓台灣，嘴巴講得再好聽，也只是一副口蜜腹劍的嘴臉。這樣的《雙城怪談》，到今年已經莫名其妙到了第十年。因為「武漢肺炎」而延期，直到最近才以視訊的方式舉辦。這真的是天意，你中國人機關算盡，「呆丸郎」如何想舔共，老天就是不成全！柯文哲照稿念，表情呆滯，了無新意。說什麼「我處理兩岸的態度就是務實」、「交流比斷流好」、「合作比對抗好」、「一家親比一家仇好」。還說他一向主張五個互相，互相認識、互相了解、互相尊重、互相學習、互相諒解。這些話怎麼看都是一張勸降書，勸台灣人投降。這就是他的「務實」，識時務者為俊傑的務實，難怪中國把他當特首的第一人選。

如果交流是不懷好意的交流，而且結果是出賣台灣主權和利益，那還不如斷流。如果合作是要你被併吞，台灣人能不反抗？一家親比一家仇好，中國對台灣是親還是仇？所謂的五個互相，除了互相學習活摘器官的「葉克膜」比較具體之外，其他的都是空話、屁話。

放個屁，無聲無臭。這就是柯屁！中國把他當作將來的特首第一人選，他也野心勃勃，春心蕩漾。但是美國已經聯合世界所有重要國家，準備對中國開刀。柯屁要是自豪智商那麼高，或許請他說說如何看待這個情勢。那些不知天高地厚盲目跟隨他的民眾黨員，也該醒一醒了！

二〇二〇年七月二十四日

兩國論vs.一國兩制

民報轉譯十三日日經新聞資深編輯委員中澤克二撰文，提到蔡英文以學者身分支撐了李登輝「兩國論」的理論基礎。並以師徒形容他們的關係。其實早在二〇一九年十月八日就有顧貯拳先生在《上報》發表文章提到蔡英文並不是「兩國論」的起草人。她只是主持「強化中華民國主權地位」小組的國安會諮詢委員。而且一九九九年七月九日李登輝接受德國之聲的訪問，對有關兩岸定位的部分新聞局和陸委會的擬答不滿意，因此自行修改為特殊國與國關係的說明。事前只有李登輝知情，蔡根本不清楚李登輝最後的決定。而且蔡英文也曾多次在各種場合表示，東西不是她寫的。事實上，已經有相關訪談推敲，當時李登輝應該是參考台大法律系許宗力教授探討兩德關係的文章，借引出的「特殊國與國關係」。

一九九七年香港回歸中國，中國以「一國兩制」大力宣傳進逼台灣。李登輝認為有必要提出安內攘外的政策，並透過國外媒體加以宣示。這就是「兩國論」的緣起。其內容摘要為：

一、承認中華人民共和國在大陸的統治權。

二、中華民國在台灣已經具有主權國家的架構，國家權力也來自台灣人民，跟中國人民無關。

三、台灣和中國大陸的關係，早就已經是國家與國家或至少是特殊的國與國的關係，而非「一合法政府、一叛亂政府」或「一中央政府、一地方政府」的「一個中國內部關係」。

這是一九九九年李登輝交棒之前所立下的定海神針。而陳水扁總統則提出「一邊一國」的口號，宣示台灣的主權。可惜當時中國國勢日強，美國的一中政策，對台灣多所壓抑，陳水扁總統也受到很大的壓力。馬英九當選總統之後的傾中政策，到最後因「服貿條例」引發太陽花學運，才遏止了這股逆流。然而，二〇一六年蔡英文當選總統後，卻一直幻想「蔡習會」。這是與虎謀皮，也是順從中國心理作戰優勢的愚行。中國以「一國兩制、九二共識」步步進逼，還好蔡英文總算挺住了。

從四年前川普當選美國統以後，美國對過去錯誤的中國政策，加以檢討。現在對中國更全面透過經濟制裁、外交軍事結盟對中國強力打壓。如果過去蔡英文不敢提出強烈的台灣主張，也不敢太明白站在美國這邊，是因為她小心謹慎為國謀事，那還可以理解。現在國際局勢非常明顯，中國已經敗相畢露，而且在國際上成為過街老鼠。況且在地緣政治上，台灣站在民主陣營的最前線，這是無可逃避的宿命。趁著防疫的成功，提出強力的台灣主張，爭取自由世界的認同和支持，此其時也。很清楚的，現在的國際局勢簡單講就是，民主對抗獨裁、自由對抗極權、世界對抗中國。不管是從思想面或現實面加以考量，台灣如何選擇，應該是很明顯的不是嗎？現在蔡英文對中國這麼低調，中國還蠻橫無理對台軍演。如果蔡英文真的是李登輝的徒弟，那麼起碼可以在適當時機，重申「兩國論」的主張，以慰李登輝前總統的在天之靈。中國毀棄香港五十年不變的承諾，沒收香港自治的地位，代表「一國兩制」破產，更是台灣重申「兩國論」的最佳時機。

總統四年一任，蔡英文二〇二四年就會下台。萬一局勢逆轉，下一任總統也很容易調整政策，這是民主制度的另一個好處。當總統的實在不必膽小如鼠，自我限縮。不知大家以為如何？

二〇二〇年八月十八日

國民黨的困境與危機

建黨超過百年的中國國民黨，從革命、北伐、抗戰、剿共一直到一九四九年被共剿，可謂命運坎坷多舛，沒過幾天安穩日子。反而是流亡台灣的七十年間，霸道即王道，壓迫台灣人，享盡呼風喚雨、吃香喝辣的好日子。直到二〇一六年第二次政黨輪替，民進黨全面執政，回應人民轉型正義的要求，以「黨產會」和《黨產條例》開始追討國民黨執政以來的不當黨產，國民黨才又陷入艱難的困境。但是面對不當黨產的追討，國民黨困獸猶鬥，除了提起幾十件法律訴訟之外，也以《黨產條例》違憲為由，聲請大法官釋憲，妄圖僥倖脫困。然而，八月二十八日大法官終於判定《黨產條例》全部合法、合憲，具有正當性。因此「黨產會」主委林峯正強調，將持續依照《黨產條例》之規定及大法官解釋意旨，早日完成不當黨產的清理，追徵黨產。該人民的還給人民，該國家的還給國家，這是國民黨現在面臨的最現實、最立即的危機。

另一個致命的困境是，面對美中對抗的世局和台灣主體意識的高漲，國民黨黨國權貴、舊勢力，因為中國意識型態的僵化和既得利益，無法順應世局和民意，作合理而靈活的調整。即使國民黨內改革救黨的呼聲甚囂塵上，但是權貴舊勢力，不但無動於衷，甚至還負隅頑抗。聽說九月六日國民黨將舉行全代會，國民黨改革委員會在六月十九日提出包括兩岸論述的四個改革方案，引起黨內一些大老的反彈。江啟臣主席在八月十八日，召集一些代表加以討論。但據說在這個會的前一天，反動派就集結了有六桌之多的人。聽說還放話「要讓江啟臣知道誰才是老大」，主要爭論點就是「九二共識」。當馬英九以「九二共識」砲打蔡英文時，江啟臣馬上呼應馬英九。國民黨的改革，恐怕將是緣木求魚的期待。我們本來對馬英九突兀的發言不能理解，現在終於恍然大悟，他是借題發揮，表面上看起來是毫無道理砲打蔡英文的發言，其實真正的算計是企圖先聲奪人，震懾國民黨的改革派。我們就等著看九月六日全代會怎麼發展。但對於國民黨的改革，我們實在不敢抱持太大的希望。那麼面對向中間靠，搶了「中華民國」神主牌的民進黨的競爭，沒有台灣意識和中心思想可以號召人民的支持，又在美國圍堵打壓中國的世局，既失去中國勢力的後靠，又不能誠心誠意支持美國，左支右絀的結果，恐怕將陷入豬八戒照鏡子，裡外不是人的窘境。

因為強推《服貿條例》而引發「太陽花學運」，導致「時代力量」和「民眾黨」的崛起。這是對國民黨失望的年輕人的選票的流失。如果馬英九等代表國民黨的傾中舊勢力，毫無反省能力，那麼除了民進黨的競爭之外，還得在加上這些年輕世代更加強烈的反撲和競爭。「民眾黨」的親中，雖然在將來必定會自食惡果，但是和國民黨親中票源重疊，短期間可能和親民黨一樣，恐怕也只能是搶財產的兄弟。

失去龐大的黨產、失去政權，又失去中國勢力的後靠和正當性，更糟糕的是中國意識型態，仇美日、疑台灣、反對改革，我真的不知道，站在這個歷史的十字路口，國民黨將何去何從。為了國家政黨政治健全的發展，我衷心希望國民黨能大步邁向改革之路。果能如此，相信人民還是會給國民黨一個機會的。否則，國民黨逐漸萎縮成一個像新黨或統促黨那樣的小黨，將是很快可以看到的結果。

二〇二〇年八月三十一日

中國或台灣？

一九四五年以後的台灣，對本地人或逃難來台的所謂「外省人」，這個問題至今仍是一個深深困擾台灣的問題。以中華民國的正統自居的國民黨流亡政權，槍桿子出政權，在台灣施行中國認同意識型態的洗腦宣傳和教育。大略地說，一九三五年以後出生的台灣人，從小學開始所受到的學校教育，完全是國民黨的洗腦教育。挾著暴虐的戒嚴統治，和黨、政、軍、情、特、教、媒體全面控制，猶如布下天羅地網般，沒有人能逃過這個洗腦過程。經過長期自由化和民主化的抗爭，現在大部分台灣人都已經認知了他們的身世，也認清了台灣將來應該走的方向。其中說得最澈底的，莫過於李登輝自稱要留給台灣的兩本著作之一：《二十一世紀台灣要到哪裡去》。

一九二三年出生的李登輝，歷經日本時代和留學美國的教育，也經歷了中國式的統治和官僚體系的洗禮，傾其畢生所得的學問、經驗和智慧，從自然科學、到社會科學和政治哲學，深入剖析了二十世紀到二十一世紀的科學發展和成就，以及世界全球化的社會發展情勢，也談到美國和中國勢力的消長，最後結語才提及台灣要往哪裡走的問題。他不無感嘆地說，台灣人還是得在哲學上思考「我是誰」這個根本問題。對台灣人或在台灣的中國人來說，「我是誰」可不是簡單的問題，有些本地台灣人到今天都還沒有得到答案。對一些所謂的「外省人」來說，可能是更為困難的問題吧？

國民黨在台灣施行的洗腦教育，以中國沙文主義的種族優越論作為基礎，這和幾千年來，中國同化消滅少數民族的策略，如出一轍。這種種族優越論，不但泯滅人性，製造了很多衝突和悲劇，也綁住了中國人思想開放的可能，和向其他進步文明謙虛學習的心態。這就是為什麼泱泱大國的中國會輸給日本的原因，也是今天共產統治下的中國，不能自由化和民主化的病根。很多人無法了解，共產黨那麼差，那麼不自由、不民主，為什麼十四億中國人不起來革命？沒錯，中共政權今天靠的還是這個「中國沙文主義」根深蒂固的種族優越論，在跟自由世界頑抗。

最近台灣出生，去中國演藝賺錢的一些藝人，在中國唱「我愛祖國」，引起台灣輿論的批評，也掀起了「中國」或「台灣」的論戰。演藝人員為了賺錢去中國賣藝，和台商為了賺錢去中國設廠或上班，一樣是潮流所趨、情勢所迫。如果你賺你的錢，不要捲入政治，沒有人能說你什麼。但是如果自願成為中共統戰的馬前卒，傷害台灣或「中華民國」的國格，那當然就得接受政治的批評。這個問題在台灣引起的衝突或討論，不是壞事，甚至可以正面來看。台灣這個自由社會，容得下這種討論，國人也不必太死腦筋。

在共產黨和國民黨之間，在中國或台灣之間，所謂的「外省人」在一九四九年作過抉擇。蔣經國和很多「外省人」或「外省人」第二代、第三代，也作了明智而理性的選擇。土生土長的台灣人，歷經戒嚴和洗腦，在他們的一輩子中，也作過選擇，或「再選擇」。我認為對個人來說，這是「選擇題」而非「是非題」。雖然你的選擇，在普世價值和中國長遠利益上來說，可能是一個「是非題」。但是在民主自由的台灣，法律尚未認定中國是敵國的情形下，藝人也罷，政客也罷，政府沒有辦法以法律來追究這種出賣台灣的行為。但是我們相信，在將來這些人和當年選擇台灣而非中國一樣，會知道他們現在選擇的是對還是錯。我們對自由、民主和人性有信心！我們對台灣有信心！

二〇二〇年九月三十日

法律的上限，道德的底線：兼論文人的曲筆

九月二十九日風傳媒《風評》主筆室刊出一篇文章「不要用政治立場和意識型態霸凌演藝人員」，替歐陽娜娜在中國統戰舞台大唱「我愛祖國」辯護。仔細看過這篇文章，發現通篇文章，羅織週致，雄辯滔滔，為這些替中共站台統戰台灣的演藝人員撐腰。卻無一字譴責中共專制獨裁、施行種族滅絕、消滅宗教、活摘器官、製造病毒、泯滅人性、奴役人民的種種罪行。反而利用台灣的自由和民主，以及法律的漏洞來掩護這些演藝人員和中共的統戰陰謀。正好顯現他自己正是用政治立場和意識型態在霸凌台灣。這種文章，文采益彰，居心益險，文人曲筆，莫此為甚。對台灣的危害，遠超過歐陽娜娜，甚至超過陳廷寵。因為一般人容易分辨這些行為的對錯，卻難以辯駁文人似是而非、雄辯滔滔的曲筆。

台灣的民主化，使台灣成為依法而治的法治國家。只要不犯法，什麼人都拿你沒辦法。中共的統戰就利用台灣民主法治的漏洞，進行對台灣滲透、顛覆的陰謀。中共對台的謀略，一方面用飛彈、飛機、軍艦、匪諜，對台武力威脅；另一方面則假藉各

種經濟、文化、民間社會各種交流，麻痺台灣的抵抗意識。多年來，台灣可說是被這種軟硬兼施的策略，軟索牽牛，一直牽往中國去。既然無法認定中國是敵國，那麼所有賣台的言行，都無法用現行法律從嚴認定。以前的「戒嚴法」，因為用來箝制台灣人的自由，而被台灣人所反對而廢止。在還沒有進入戰爭狀態的情形下，也沒有辦法施行「戰時緊急處分令」，加以處置。民進黨政府是否可以有魄力一點，推出合理可行的法規，或行政命令，來遏止這個中共統戰的陰謀和大漏洞，讓這些鑽法律漏洞，對台施行政治作戰的言行，得以依法懲治。

主筆說到祖國認同的問題，是台灣四百年來一直存在的現象。到現在台灣人的祖國認同，也還是搖擺不定的「現在進行式」。所以認同祖國沒有錯，不愛台灣也沒有罪，還警告台灣不能制定限縮祖國認同的法規，犯下和國民黨威權時期同樣的錯誤。這就暴露了他完全站在中國意識型態的政治立場，無視國民黨外來政權，對台灣人實行鋪天蓋地的洗腦教育和白色恐怖統治，是違反民主、自由、人權的錯誤。而今天民主台灣所面對的是，中共專制獨裁、非人道政權的併吞威脅。這是天差地別的情況，根本不可同日而語。如果這主筆是外國人，完全不知道他所說的祖國認同的現象，是台灣人受到洗腦和壓迫的結果，那還情有可原。如果他本來就是中國意識型態和國民黨政治立場的人，那我們也可以一笑置之。台灣民意基金會九月份民調結果，認同自己是台灣人的有63%，認為自己是台灣人也是中國人的有22%，認同自己是中國人的只有6％。不知道和拒答的有9％。這是台灣在經歷中國洗腦和民主化之後，顯示出來的國家認同。我們不知道風評主筆是屬於哪一個？

中國文化的認同，現實上和一般人的祖國認同有關係。但是如果對中國文化和世界進步文化有深入了解的人，就不會因為認同某些傳統的中國文化，而認同現在的中國，甚至也不會無條件地認同中國文化。中共早就拋棄了一些優良的傳統文化，為了統戰才到世界各國設立孔子學院。打倒孔家店的是他，搞孔子學院滲透自由世界的也是他。今天自由世界已經察覺，這些孔子學院形同間諜組織，根本和中國文化無關，所以紛紛加以關閉。台灣人過去七十年受到全世界最大的孔家店的教育，今天還有很多人不能認清中國文化的實質和假相，這也是國民黨洗腦和愚民教育的遺毒所致。能夠擺脫陳腐落後的中國文化，進入進步的歐洲文化的日本，何其有幸！台灣人要如何選擇自己的進步之路，不妨讀一讀福則諭吉的《勸學》，並學習比中國文化進步不知幾十年，甚至幾百年的西洋文化。

最後，我還不得不對主筆冷嘲熱諷台灣，與其批判藝人到中國獻唱「我的祖國」，不如多用心思讓藝人為雙十國慶獻聲的惡毒居心，作一個回應。難道他忘了，張惠妹在雙十國慶唱「中華民國」國歌，受到中國什麼樣的打壓？不只台灣人，「中華民國」在國際，受到中國（或他們所謂的「祖國」）什麼樣的打壓？其實，還是有很多台灣的藝人，為了保有作為台灣人的尊嚴，和做為一個自由人的尊嚴，拒絕中國市場的誘惑。我們更該尊敬這些藝人，有些人是用錢買不到的，世界上也有用錢買不到的東西。這些藝人等於是那用手指堵住堤防漏洞，使堤防免於崩潰的真台灣人！既然現在法律拿賣台者沒辦法，我們台灣人不要以為自己人微言輕，大家都該防微杜漸，拒絕中共統戰，同聲譴責賣台藝人和軍頭。對文人的曲筆，更應該深思明辨，不要受到他們妖言的蠱惑。

二〇二〇年十月五日

改名不如革命

中國國民黨一般簡稱「國民黨」，英文也簡稱KMT，並沒有稱為CKMT的。「中國國民黨」這個名字，意味著屬於「中國」的國民黨，這顯然和台灣本土化和民主化的潮流有所違逆，在選舉中本來就很不利。更因為「中國」對台文攻武嚇，越來越厲害，令台灣人越來越討厭「中國」。「中國國民黨」更加被「中國」帶衰，在台灣的選舉中，漸漸失去選民的支持。這是大勢所趨，無法抵擋的潮流。國民黨改革派的有識之士，早有「去中國化」的意見。去中國化不只是拿掉「中國」那兩個字而已，並且還主張禁止國民黨員傾中投共，出賣台灣的言行。這是對「中華民國」和「國民黨」還有理想和忠誠的改革派的真知灼見。眼看著迷航的國民黨載浮載沉，他們憂國憂黨之情，我們很能體會。最近國民黨立法院黨團總召林為洲提出改名建議，主張拿掉「中國」兩字，直稱「國民黨」。他認為政黨必須在選舉中勝出，才能實踐理想，而「中國」是票房毒藥，不摘掉「中國」這頂帽子，國民黨將永遠無法得到台灣選民的認同。他都還沒碰觸到禁止黨員傾中投共的實質議題，就引起馬英九等頑固傾中派的反對。本來被誤認為改革派代表的黨主席江啟臣，馬上嚇破膽一般，否定了林為洲的提議。據民意調查，認為自己是台灣人的有63%，認為自己是中國人的只有6%。目前看來，「中國國民黨」到底還是屬於「中國」的「國民黨」，是一個由6%的中國人主宰的政黨。這一點和中國十四億人，被少數共產黨員宰制的情況一樣。我們討厭國民黨的理由，也和討厭「中國」的理由一樣，那是一個不可救藥的獨裁結構，也是和台灣民主化格格不入的政黨。

國民黨的改名，如果只是選舉利益的考量，那也不是真心誠意的根本改革。對國民黨不堪的過去，為了台灣健康的政黨政治和轉型正義的理想，我們都願意給國民黨一個重新做人的機會。把「中國」這頂大帽子摘掉，對國民黨不只是在選舉上比較公平，更代表國民黨民主化和本土化的改革決心和成長茁壯的可能。讓凱薩的歸凱薩，上帝的歸上帝。說國民黨在台灣的存亡，在「中國」這兩個字，一點也不誇張。如果任由馬英九、陳廷寵、吳斯懷這種國民黨黨員主宰國民黨，我們可以斷言「中國國民黨」是沒有可能把「中國」那兩個字拿掉的，那麼我們就等著看「中國國民黨」末日的到來。只是在美、加、歐盟、日、澳、印、菲、越等形成對中國圍堵的國際局勢下，台灣絕對不能讓這種中國人宰制的國民黨執政。否則，誰知道他們會不會把台灣帶往與自由世界為敵的危險境地。

在台灣人這種充滿危機感的心理因素下，說不定民進黨還樂得看「中國國民黨」

死抱著「中國」這塊招牌，在台灣的民主選舉中沉沒呢。有為的國民黨改革派，如果不願意另立政黨，那麼改名還不如革命，就直接對傾中的統派宣戰、奪權。如果你們是國民黨有理想有熱血的黨員，那麼此舉不只是救黨圖存，對台灣的民主政治和台灣的存亡，甚至對影響中國民主化，都能做出莫大的貢獻。我相信連中國對民主有所嚮往的人民，將來都會把這一段載入史冊，把你們當英雄來崇拜。

摘掉「中國」這個金箍，還意味著思想的解放，從此海闊天空。有如日本「脫亞入歐」才能夠成為現代化的強國一般，不只是國民黨人，台灣人也應該拒絕落後的中國意識型態的禁錮，讓自己成為一個思想自由開放的現代化國民。

二〇二〇年十月十四日

台灣人的心防

不久之前，吳怡農提出一個近似全民皆兵的國防概念，受到媒體的注意，也馬上引起「濟公部長」的辱罵。罵他「渣男」。其實「渣男」的定義是什麼，在「濟公部長」的心中真正的意思是什麼，以及隱藏在這個語辭之下，台灣內部對中國軍事威脅所應具備的心理建設和戰爭準備，乃至意識型態的分歧問題，都沒有得到討論和釐清。

「渣男」是新創的語辭。鬍渣、人渣則是語意明確的話語。或許「渣男」是從這兩個語辭衍生出來的新辭，用以形容一個邋遢、頹廢、無用的男人。我們不能光從外表來判斷一個人。傳說中的「濟公」，倒是「渣男」的一個典型。吳怡農一九八〇年在美國出生，在台灣念國小、國中，十四歲再赴美讀高中、大學。耶魯經濟系畢業後，在高盛集團負責亞洲投資管理。聽說他高中時喜歡角力，大學時參加美式足球運動。據熟悉他的朋友說，他每天鍛鍊自己，伏地挺身、仰臥起坐可以做幾百個。體魄跟美國海軍陸戰隊一樣強健。他在高盛服務期間，賺到幾輩子不愁吃穿的財富，在二〇一三年三十三歲時，決定放棄高薪工作，回台灣服兵役。他的父親吳乃德也贊成他的抉擇。對於這樣一個猛男，無論如何都很難跟「渣男」產生聯想。不知道馮將軍是濟公顯靈還是怎麼的，居然罵提出全民國防概念的吳怡農是「渣男」。這和濟公常常以顛三倒四，常人無法理解的言行來救世濟人，是不是有什麼玄機呢？且看下回分解。

中國因為體積龐大，所以最擅長用威嚇來達到不戰而屈人之兵的謀略。在它周邊的國家中，受到威脅最嚴重的莫過於台灣。除了實質的軍事威脅，中國長久以來對台統戰滲透，台灣內部就有一票敵我不分，甚至疑似匪諜的人，常常借機配合中共，打擊台灣軍民的信心和抗敵意志。中共戰狼吼叫「七十二小時攻佔台灣」。就有馬英九們呼應中共說「首戰即終戰」、「美國人不會為台灣跟中國打仗」。以前還有一個說法，說美國馳援台灣，至少需要兩個星期。言下之意，甚至對台灣能否撐得過兩個星期，還不太有信心的樣子。台灣國防部對這種心理作戰，反應常常過於低調。這也助長了中共心理作戰的效果。中共這種心理作戰，也不能說完全沒有現實上的根據。

首先，打仗除了靠軍武實力之外，最重要的還是要靠人民的抗敵意志。如果軍隊和人民沒有堅強的抗敵意志，那麼就算台灣擁有最多對準中國的飛彈，和亞洲數一數二的海陸空軍，中共在第五縱隊的配合下，又加上美國真的沒有介入的話，或許不戰而降也不是完全不可能發生的事。最近不是還有人大談什麼國共內戰的「北平模式」嗎？台灣本島無戰事超過七十年。我們的人民又秉性溫馴，生活安逸，基本上是愛好和平的民族。令人感到意外的是，最近有一個民調顯示，有百分之八十二的台灣人，願意為保衛台灣而戰。既使因為主張台獨而引起和中共的戰爭，也有百分之七十二的人願意參戰。看起來中共想用戰爭訛詐台灣人的心理作戰是無效的。十幾年前我去過越南，順便參觀湄公河遊擊戰區，還爬過五十公尺的地道，體驗一下越共是如何利用地下坑道和最原始的作戰方式打敗美國和南越政府軍的。那是一片面積只有兩百七十五平方公里的平坦林地，可以說完全無險可守。就靠著這些坑道和頑強的抗敵意志，讓美國束手無策，而終於敗下陣來。台灣面積有三萬六千平方公里。不但有兩百公里寬的海峽天險，還有一百座三千公尺以上的高山。如果國防部平時就好好規劃，相信要建構比「古芝地道」還易守難攻的要塞並不困難。利用各地愛好登山的登山隊，組織訓練山地遊擊隊，一旦共軍入侵，就看看他們如何在兩個月征服台灣。至於城市地區，利用現成的地下停車場和大樓，以及錯綜複雜的巷弄，作城市遊擊戰。對共軍來說，甚至可能比山地戰還要難打。所以吳怡農所提出的全民國防的概念，並非天方夜譚、無的放矢。中共一旦看到台灣人有這樣的準備和抗敵意志，相信更不敢隨便對台動武。如果台灣自己不認真作戰爭準備，又不提倡抗敵意志，那才真的會引起中共侵台的野心。

至於美國人會不會救援台灣呢？以前台灣是有被美國出賣的歷史。中國改革開放之後，利用美國人錯誤的「中國政策」，讓台灣失落三十年，也讓台灣對美國和自己失去信心。但是中國偷搶騙通通來，賺到幾個臭錢後，處處跟美國作對。直到二〇一六川普上任，根據納瓦羅的著作《致命中國》，對中國對美國和世界的危害，有了深刻的認知，於是對美國錯誤的中國政策，改弦更張。最近不但美國總統，連參眾兩院都開始重視台灣的戰略地位，並提出多項法案，試圖為過去錯誤的政策對台灣所造成的大大小小的破損，加以修補。十月二十日美國兩黨參議員盧比歐、莫克利共同提出《台灣關係強化法案》，對外交、軍事、商業、文化交流提出鉅細靡遺的政策，規定政府各部們要加以遵行。另外眾議院「中國工作小組」，也在十月二十日提出《中國工作小組法案》，其中有七項支持台灣的法案如：台灣保證法案、台灣主權象徵法案、台灣獎學金法案、不歧視台灣法案、台灣公平雇用法案、台灣防衛法案、恢復台灣WHO觀察員身分法案。詳細看這些法案的內容，可說是對台灣這幾十年受到的不公平待遇和損害，加以修補，避免台灣再受中國威脅和滲透。有興趣的人可以看蘋果日報十月二十一日《美中台交鋒、美國再挺台》的新聞報導。

美國已經從過去的戰略模糊，改變成戰略清晰。那些馬英九們可以不用再亂講美國不會援助台灣，首戰即終戰等打擊台灣民心士氣的瘋言諜語了。台灣人也應該要對台灣的國防有更堅定的信心，不要再接受中共和其同路人的恐嚇威脅和分化。我對台灣有信心！

二〇二〇年十月二十二日

為匪宣傳是不是言論自由

為了中天新聞台換照問題，NCC舉辦了公聽會，這是民主台灣的正常施政。在公聽會之前，游盈隆主持的台灣民意調查基金會做了一個民意調查：「是否樂見中天新聞台被政府撤銷執照？」結果是32.5％的人樂見，52.5％的人不樂見。這個新聞就被《中時新聞網》當作大標題，大大炒作一番。另外又以參加台灣民調基金會民調記者會的喜樂島聯盟黨主席施政鋒對記者的回答，當作大標題：「施政鋒：用學者做幫兇，已是法西斯前奏」。雖然我們對《中時》、《中天》的報格和立場，早就洞若觀火，對其報導的扭曲手法也見怪不怪，但是看到這樣的新聞標題，仍然感到遺憾。

首先這個民調題目的設定，語意上非常粗糙。如果要問這樣大而化之的問題，應該追問受調查者，樂見或不樂見的理由是什麼？其實要做這個民調，還不如先做諸如「中天是不是中資？」、「中天有沒有收受中共一百五十億的補助？」、「中天是不是受國台辦或中共指揮？」、「中天有沒有報導中共獨裁專制和種種暴行？或有沒有報導的自由？」、「你認為中天是不是中共統戰台灣的工具？」等等。然後再問：

「中天新聞的可信度如何？」、「中天的新聞是不是偏頗？」、「中天的新聞是不是主要在替中共宣傳？」、「中天新聞是不是常常惡意打擊台灣國家立場侵害台灣國家利益？」、「為匪宣傳是不是言論自由？」、「中天新聞的存在對台灣的民主或台灣的利益有沒有貢獻或存在的價值？」。這樣一系列問卷調查下來，然後再問：「樂不樂見政府撤銷中天新聞執照？」這才是正確的問卷設計吧？台灣的民調，在這個地方顯現了不成熟和粗糙的一面。這也正好被別有用心的《中時》利用游盈隆的台灣民意調查基金會的台灣和民主形象，來打擊台灣的執政當局和台灣的民主。非常卑鄙惡毒。

另外一個遺憾是，利用施政鋒喜樂島聯盟黨主席所做的回應，放大打擊執政當局。其實若要算帳，也應該算在NCC這個獨立機構頭上才對。如果施政鋒覺得他的意見或語言被《中時》扭曲，他應該出來批評《中時》，並要求更正和道歉。我不太相信施政鋒那麼容易被《中時》記者耍弄。這個過度偏激的標題，不管是不是真的出自施政鋒之口，喜樂島聯盟黨的色彩會變得混濁，在台灣國家至上的立場也會受到質疑。若無視《中天》的傾中背景和立場，以及忽視中共迫害維吾爾、圖博、香港、迫害宗教和中國人民的自由和人權等等更違反世界普世價值的暴政，而執著於虛假的言論自由。那就是對言論自由真義的誤解，甚至是扭曲。

「雖然我不同意你的觀點，但我誓死也要維護你言論的自由」這樣的觀點，說起來很動聽，卻常常被惡意利用。如果你要別人維護你的言論自由，你必須也要有對自由相同的信念和言行。像中共這樣打壓自由的政權，以及《中天》、《中時》這樣的媒體，你覺得他們有資格在台灣談言論自由嗎？台灣人有義務去維護「中共」、「中天」、「中時」的言論自由嗎？而誰更像「法西斯」呢？

二〇二〇年十月二十八日

引狼入室的交流

這次美國總統大選，表面上看起來是民主制度的亂象，其實這正是民主制度「耙糞運動」的偉大設計。透過有限任期，定期檢驗當權者，其實也同時在檢驗著挑戰者。如果不是這次激烈的選戰，美國長期存在的政策錯誤，和整個國家和政客受到中國全面的統戰收買和滲透，恐怕還會在民主制度的漏洞，和人性弱點的陰暗下繼續沉淪下去，直到中共完全控制美國、打敗美國為止。

川普在二〇一六年得到美國人民的支持，意外打斷了中國和美國一干政客以及唯利是圖的華爾街炒手和網路暴發戶的美夢，那是一次偉大的「耙糞運動」的開始。中共打敗美國的野心和作為，受到川普政府的阻斷。但出賣美國的政客的醜態，和中共滲透收買他們的真相，還沒有完全給暴露出來。這次因為拜登和民主黨不擇手段大規模舞弊，激起人民的憤怒，並讓一些富有正義感和愛國情操的律師、將軍和政治人物站出來，揭發種種膽大包天的舞弊。其中最大最嚴重的，就是被三十個州、兩千多個地區使用的 Dominion 投票機的舞弊。要不是這次選舉的「耙糞」，恐怕美國所處的亡國危機，還不見得會被人民所認知。而即使如此，不只是民主黨、共和黨很多政客、聯邦和州政府官員和議員，甚至如FBI、CIA、國防部等機要敏感單位都受到物欲或思想的腐蝕，可見中國的陰謀確實打中了美國的軟肋。其實這也無非是利用人性的弱點，和資本主義追求利益的無限貪婪的本質而得逞。秦國丞相李斯建議秦始皇，用大量金銀珠寶收買六國大臣，做為兼併六國的暗黑武器。中國人最擅長的就是這一招，雖是兩千年後的現代美國，依然沒有辦法免疫。

這一次美國總統大選的舞弊，比一九七七年國民黨在桃園縣長選舉中壢一個投票所的舞弊，不曉得要嚴重幾千倍。那麼一個小地方的舞弊，能激起震撼國民黨政權的「中壢事件」。美國這次駭人聽聞的大規模舞弊，難保不會發生比「中壢事件」嚴重的民變，甚至內戰。但是美國畢竟是制度相當完備的民主國家，現在雖有麥金納尼將軍建議川普宣布戒嚴，中止這次受到中共控制，企圖用舞弊顛覆美國政府和選舉制度的選舉。國家情報總監雷克里夫就聲明這次選舉，受到外國的干預，必須查明舞弊情形，才能決定選舉結果。廣泛的舞弊案件先不去說它，對於系統性大規模操作的舞弊的 Dominion 則必須深入追究。在深入了解 Dominion 的背景之後，就會發現這家公司是屬於中共的公司，並驚訝地發現一個「深層政府」的存在。

收購 Dominion 的是紐約私募基金 Staple Street Capital，而 Staple Street Capital 的資金來自瑞銀證券。瑞銀證券則是王岐山控制的公司，明擺著有75％以上的股份屬於中國幾家公司。Staple Street Capital 的主席是 William Kennard，以前任職於私募基金 Carlyle Group（一九八七年成立），這個公司屬於布希家族。而金融大鱷索羅斯在九〇年代成為合夥人，William Kennard 在奧巴馬和克林頓政府都受重用，也曾任歐盟大使，一九九七至二〇〇一年當過聯邦通訊委員會主席，主掌美國傳媒和通訊，且是前國務卿 John Kerry 顧問團成員。二〇二〇年十一月擔任 AT&T 主席，壟斷美國通訊市場，且兼併華納兄弟，間接控制了旗下CNN和無數個電視廣播媒體。這個深層政府跨越共和黨和民主黨政府，跨越中國到美國，跨越金融到傳媒，今天讓我們看到川普和美國面對的是怎麼樣的一股勢力。

中國利用美國華爾街的金融市場的漏洞，讓很多空殼公司在美國上市吸取資金。這些公司的財報不是經過美國嚴格審計的財報，而是在中國所做的假財報。這還不是最致命的，最荒謬的是讓中共軍工相關的企業，在美國上市吸金，幫助中共發展軍武科技，反過來威脅美國安全。如果這不是賣國，什麼才叫賣國。最近有一個叫翟東升的，得意忘形說溜嘴，證實了中共二十年來無論多大的事情，兩個月內就一定能搞定美國，因為中共在美國上層有人，直到川普上台才搞不定。他還很得意地暗示說現在好了，拜登要上台了。大家聽懂了嗎？這個翟東升不是普通的基金經理人，他是「中共對外戰略研究中心」副主任兼祕書長、「人民大學」副校長、院長、「人民大學國際金融關係學院」院長，並且是習近平的最佳智囊。從他口中還證實了中國幫亨特拜登建立基金，這又是深層政府的冰山一角。不只是川普，美國人面對的正是這樣的深層政府。

二〇一六年川普上台以後，對被中共滲透腐蝕得千瘡百孔的美國，開始補破網。除了改革不公平的貿易和知識產權的竊取，並對不公平的網路平台如微訊和抖音加以制裁之外，還限制華為和中芯的營業，也對假文化交流，行間諜滲透之實的「孔子學院」加以關閉。共和黨和民主黨的議會，也發現了中共的統戰陰謀而開始對中共採取圍堵政策。美國已經看清楚中國笑裡藏刀的交流，其實是包藏禍心的戰爭行為，現在再也不怕撕破臉了。最近美國國務院繼先前已經宣布的，限制共產黨員的簽證和居留，進一步宣布對中共統戰部官員實施制裁禁止入境。龐佩奧並宣布禁止：竊盜和發佈個人資訊、威脅或使用人身暴力、間諜活動、破壞國內政治事務、干預學術自由、干預商業活動。並將中共黨員及其家屬的簽證從十年改為一個月，而且只能單次入境。國務院還宣布終止五個交流計畫：政策制定人士中國教育旅行計畫、美中友誼計畫、美中領導者交流計畫、美中跨太平洋交流計畫和香港教育與文化計畫。這些都不是對等的交流，而是完全由中共資助和營運，作為中共宣傳工具的計畫。為了防範工業間諜，和務使中國軍工企業透明化，川普最近簽署一項命令，限制美國公司和個人投資與中國軍方有關的公司。全球指數股市行業領導者富時羅素（FTSE RUSSELL）就根據這項命令剔除包括海康威視、中國鐵建、中國航天等八家中國企業股票。中國在美國偷強拐騙的好日子應該結束了。

不只美國，現在澳大利亞通過禁止對華友好法律。其具體內容是：禁止其他地方政府與中國發展經濟關係法律、中央政府將有權廢止包括州政府乃至更基層的地方政府以及公立大學與中國簽訂的一切涉及貿易合作、基礎設施建設、旅遊文化合作、科學衛生以及教育領域的協議。

由此看來，美國和澳大利亞都是深受中共交流之害後，痛定思痛，才會做出這樣嚴厲的補救措施。對受到中共假交流之名，而行滲透統戰之實的被害者台灣來說，不管是執政黨也好，或在野的各政黨也好，不知道有何感想、有何對策？對那些有呂布的體力和董卓的權勢，卻能夠忍受得了貂蟬的色誘的政客，我真的是既同情而又敬佩萬分的！

二〇二〇年十二月十日

看看美國想想台灣

這一次美國總統大選，讓視自由民主制度為理所當然的美國人，開始知道民主不是天上掉下來的。看慣國民黨幾十年選舉舞弊惡行惡狀的台灣人，當然比美國人知道選舉可以有多麼骯髒。美國人終於在這次選舉看到台灣人早就經歷過的邪惡。這樣的邪惡，不但攻陷了媒體、司法的防線，也腐蝕了資本家和政客的基督教信仰。民主黨拜登集團的舞弊手段，也太過大膽而粗糙了。台灣人在這方面應該算是民主的先進吧!?

不專從政黨的鬥爭和舞弊現象來看這場選舉的骯髒，政治評論家吳嘉隆精闢分析，西方資本家先是發現中國大量廉價勞工可以讓他們發大財，所以也需要共產黨專制政府壓制管理這些勞工，提供穩定的「世界工廠」勞力，這就使美國資本家和中國共產黨有了聯手合作的基礎。從這個關係賺到不少外匯的中國，也慢慢地從世界工廠變成令西方資本家垂涎的「世界市場」。華爾街的金融業和資本家，更和中共國營甚至是軍工企業聯結，構成了一個以前不可想像的同夥關係。這樣的金權結構，正好給中國一個可以操作滲透美國的把柄。以賺錢為最高目標的西方資本家，賺到大量財富之後，又全面收買西方的媒體成為他們的傳聲筒。連網路新興的社交平台和傳媒如Google、Facebook、Youtube、Twitter、Amazon等，也從股票、基金等金融市場，得到難以計數的資本，他們也加入了這個不可抵擋的潮流。這些資本家當然不願放棄這樣大好機會，所以也大力支持和他們同一陣線的民主黨政客。二〇一六年川普意外當選，打斷了這個將會腐蝕葬送美國的結構性災難。說意外也不意外，受到這個結構所衝擊的美國工業和工人，投了川普一票。言出必行說到做到的川普，扭轉了這個頹勢。二〇二〇年的選舉，川普勢將連任，這是毫無懸念的趨勢。豈料這個已經盤根錯節的犯罪結構，不甘失去政權，也不甘失去金權，竟然不擇手段，大膽作弊到令人難以相信的地步，並且運用所有掌握的媒體、政客、金融、司法，做出前所未見的偏頗行為。這才讓我們明明白白地看到了那些人的邪惡，光從政黨鬥爭或人性的弱點來看，也不足以解釋這樣的大結構的墮落。當然這也有歷史造成的背景和過程。

當初為了聯中抗蘇，美國和中國建交。台灣受到最直接的傷害。之後美國又以一廂情願的戰略，設想中國會因資本主義化而變成民主國家，所以大力扶持中國的工業和資本。鄧小平的韜光養晦，騙過了美國人。直到習近平的野心和中國的威脅暴露出來，美國才發現自己「戰略正確」，卻因「戰術失敗」而一敗塗地。中國並沒有因為資本主義而自由民主化，反而運用網路技術和資本，對中國人民施行更加嚴密的控制。也開始運用資金和美國自由的金融市場，大量吸取美國和自由世界的資金，購買美國的公司以掌握關鍵技術。並且趁機利用美國資本主義結構的漏洞，收買政客（包括民主黨和共和黨人）營造出這樣一個美國人沒有料想到的共犯結構。

現在很多美國人，看到拜登所代表的這個共犯結構的邪惡，站上街頭大聲反抗。但是陰謀作票得逞的拜登陣營，只靠「下流媒體」對資訊的封殺，和少數所謂「深層政府」的大鱷一個個浮出水面，支持共犯結構，就讓川普束手無策。川普好像在跟一個隱形的惡魔做著艱難的鬥爭。

這幾十年，對台灣最友善的總統就是川普，對我國威脅最大的就是中國。美國對中政策的調整，也是對我國最有利的發展。拜登宣稱如果當選，就會改變川普的對中政策。這顯然將再次把台灣推入中美夾縫中，成為隨時會被出賣的籌碼。在這樣的危疑時刻，大部分台灣人不樂見拜登當選是理所當然的事。在美國選舉還沒有分出勝負，川普還在奮鬥之際，蔡英文為什麼三番兩次急著祝賀拜登當選，實在令人想不透。或許，吳嘉隆所指出的那個結構，也早就在台灣形成了，只是台灣人還渾然不知而已。如果民進黨和拜登所代表的那個結構是同一陣線的話，漂流失落了幾十年的台灣人將何去何從？而台灣的川普在哪裡？

二〇二〇年十二月二十日

新納粹的危險遊戲

拜登當選美國總統，大家認為中共應該會很高興，因為川普對中共的強硬政策，會因拜登上台而被改變，美國人也期待中共對美的態度會變得比較友善才對。世界和平前景一片光明，王子和公主從此可以過著幸福快樂的生活。這本是與人為善，禮尚往來，人之常情嘛！可是比較川普在位時，中共對美低聲下氣，不得不屈服的情況。拜登上台不到幾天，中共對美的態度反而變得更加蠻橫強硬，對台灣更是張牙舞爪，這顯然是項莊舞劍，意在沛公，根本就不把美國新政府的善意當一回事。

英國張伯倫首相主張對德國納粹採取忍讓的綏靖政策，反而鼓勵了希特勒大步邁向侵略戰爭，最後引發第二次世界大戰。如果不是邱吉爾和英國人一致採取堅強的抗德政策，以及美國參戰，英國差一點就要被德國征服。看今天中共政權的表現，和當年納粹德國，非常相似。德國因為第一次世界大戰戰敗，被非常鉅額的戰爭賠款壓得喘不過氣。挾帶著仇恨的心理，和復興德國的願望，希特勒納粹利用這股氣，一步一步將德國推向戰爭，而德國人在納粹宣傳術的洗腦之下，也一步一步跟著走向亡國之路，毫無警覺。中國一九〇〇年蒙受八國聯軍的國恥，至今已經超過一百二十年。雖然國恥未雪，國難未靖，但是現代化世界對國家之間的戰爭，不把仇恨延續到一百年之後的子孫，是比較聰明而符合現實的國際關係。但是中國似乎還沒有現代化，而且也還不能理解這種地球村的智慧。中共的大內宣，仍然在鼓動一種仇外的民族主義，和盲目的強國夢。中國人民不能享受自由民主，甚且導致思想的僵化和倒退。而最大的災難，或許就是像納粹德國一樣，一步一步走向戰爭和亡國之路。

中共對新疆維吾爾人採取的種族稀釋和集中營的設立（等同於軟性種族滅絕），和納粹德國當年對猶太和少數民族犯下國際公法 GENOCIDE 種族滅絕罪是一樣的罪行。對西藏也一樣採行種族稀釋，破壞西藏故有文化宗教信仰，等同種族和文化滅絕。就算中國土生土長，主張真善忍的法輪功氣功修練者，也加以抓捕關押迫害，甚至活摘器官出售。這是比納粹德國更加野蠻的做法，可以說是二十一世紀的食人族！

存在於二十一世紀，以擁有五千年的文化自傲的中國，中共政權的表現，不但是違反人類進化的法則，其窮兵黷武充滿仇外宣傳的做法，可能正在將中國人民推入戰爭中一起毀滅而不自知。不要說五千年，連兩千五百年前的聖人都已經在中國絕跡了。我要問二十一世紀的中國，你們的聖人在哪裡？

中國要復興、要崛起，沒有人會反對，也沒有人有權力去阻擋。中共說，太平洋夠大，足夠容納中美兩國，這是無視眾多周邊國家存在的霸權姿態，也是無視國際關係和規則的愚蠢。國際法庭裁決無人島礁不屬於中國，中共仍然在人造島礁建軍用機場和飛彈基地，企圖霸佔周邊海域和海底資源；頻頻出動軍機侵入台灣領空，威脅台灣安全；動不動就喊血洗台灣、武統、和統、智統；中共如果以這種方式崛起，就是在玩著一個新納粹的危險遊戲。中國人民應該要有所警惕起來自救，而存有幼稚綏靖主義的美國新政府，更應該早日警醒，切勿重蹈張伯倫的覆轍，犯下不可原諒的錯誤。今天的中共，是比納粹更野蠻、野心更大、更不可預測的敵人。如果對這一點沒有警覺，那麼美國新政府也可能被這個充滿仇恨的新納粹，一步一步拖進危險的戰爭遊戲中而不自知。

二〇二一年二月二日

困獸猶鬥

中國楊潔篪、王毅和美國布林肯、蘇利文於三月十八日在安克拉治舉行會談。從這個會談針鋒相對的情況和美國事先已經多管齊下的戰略佈局看來，美方並不強調美中兩國國家利益的衝突，而是特意突顯中國危害世界和平以及安全的諸種霸權行為。我們更可以看到一種文明及價值體系的衝突，這可以說是更難解決的爭端。

種種跡象顯示，這次會談並不在美國規劃中。布林肯就任不到一個月，就積極與歐盟及成員國外長連繫，並於二月二十二日受邀參與歐盟外長視訊會議，在會中表示歐美要展現共同應對中國挑戰的姿態。中國濫權、掠奪性的作為及利用出口來推動技術威權主義是美國與夥伴盟友必須緊密合作的議題。

三月十二日，在美國主導下，美、日、印、澳舉行四方安全對話領袖視訊峰會，是美國印太戰略的實現，劍指中共。

三月十五日布林肯與國防部長與日本防衛大臣岸信夫會談，重申美國對地區安全的承諾，並強調美日同盟關係的堅實。十六日與日本外務大臣茂木敏充舉行２＋２會談，所面對的共同威脅，當然就是中共。

三月十六日，更新《香港自治法》報告，點名制裁24位中港官員損害香港自治。白宮國家安全顧問蘇利文也和法國總統外交顧問波恩、德國總理安全政策顧問海克、英國首相國家安全顧問勒夫古夫討論美中會談事宜，說明美國堅定的立場和政策，不讓盟國對美國信心動搖。

三月十七日，布林肯、奧斯汀與南韓外交部長鄭義溶、國防部長徐旭舉行2＋2會談，批判中共一貫違背承諾，並發表聯合聲明，強調美韓同盟及印太和平與安全的重要性。美國國防部長奧斯汀會談後，繼續單獨訪問印度的行程。

這些都是美國早就規劃好的戰略佈局。到亞洲與盟國舉行這麼多會談，就是過門不入，不去中國天朝朝拜。這要讓中國的臉面往哪兒擺？所以我猜想中國一定是向拜登施壓，無論如何也要美國和中國來個2＋2會談，扳回一點顏面。所以美國就勉為其難，答應和中國會談，但是只能安排在回程的加油站安克拉治，並且以防疫為由無法一起餐宴。憋了一肚子氣的楊潔篪被問到吃飯了嗎，還回說吃了泡麵。看得出中國一直想把這個會談的重要性放大，但是美國卻打臉說這不是一個戰略層次的會談，也沒有後續會談的安排和打算。這一下面子掛不住了，「見笑轉生氣」乾脆潑婦罵街，擺出大國霸權姿態，至少滿足中國國內民族主義大國崛起的虛榮和情緒。極度自卑會變成過度傲慢，以這樣的心態辦外交，絕對會是一場災難。儘管中國大內宣造成過度膨脹的強國夢，已經騎虎難下，美國到日、韓訪問過門而不入的新聞一定無法掩蓋。這肯定會讓中國百姓不但開始懷疑習近平的治國能力，恐怕民族主義的狂熱，也會變成不可控制的動亂，這是維穩政策不可接受的挑戰。因此明知美國不願意，會談也不會有成果，無論如何也得要先爭得一個面子再說。但是想不到，布林肯卻以好言相勸的態度，說美國也會犯錯，但是美國的制度卻能從錯誤中改過。接著就提出中共最忌諱的新疆、香港問題，以及對台灣的武力威脅。楊潔篪只好「橫柴入灶」回說，美國有美國式的民主，中國有中國式的民主。真的是睜眼說瞎話，也不怕人笑話。並且還擺出流氓架式，說美國沒有資格對別國指指點點。這些話既非外交辭令，也不是文明的表現。顯然這樣的作為，除了滿足中國大內宣的需求之外，在國際上成為笑柄不說，也讓美國人民看清中共醜惡的嘴臉，更加討厭中共。我認為這樣的會，比不會要糟糕得多。中共一向善於談判，對外交細節也斤斤計較，但這一次讓人看出習近平外交手法的拙劣。

另外一個失敗的外交，則非台灣莫屬。拜登政府全世界繞了一大圈，偏偏就是不理台灣這個第一島鏈的關鍵國。台灣人應該忍辱負重，徐圖建國大計才是正辦。想不到執政黨不甘寂寞，派出一個陸委會的邱太三，提出自以為聰明的「建設性模糊」的九二共識。連國民黨都曾考慮拋棄的枷鎖，民進黨卻硬是在這個時候自己往圈套裡鑽。或許這個好耍小聰明的政黨，以為在中共最衰的時候，對它雪中送炭，或許中共會知道感恩。可是，看到邱太三那種自作聰明的輕挑態度，中共不一肚子火才怪。這是我看過的最不莊重、最不得體的外交發言。如果要對世界或美國表示一下台灣的存在，美國人在討厭中共的當下，美國對作為盟友或被保護國的台灣，會不會對台灣的忠誠產生懷疑？至於，台灣的主張，難道可以這樣輕率提出的嗎？台灣的政黨和政客，大多善於短線操作選舉，對治國甚至建國，少有恢宏的器識和大志，這是從這次美中會談所引起的憂慮。希望台灣政黨、政客，多培養自己對國家的器識和志氣，少作個人或派系私利的盤算，這樣各黨各派才能在國家的共同志向和利益上團結一致。

二〇二一年三月二十二日

敵我不分，亡國在即

在面對一個分分秒秒都在算計台灣、侵略台灣的中國，台灣的國安問題，沒有比敵我不分更加致命的危機了。國民黨外來政權，用大中國民族主義對台灣人洗腦超過七十年，造成台灣人民認賊作父，導致意識型態分裂乃至國家認同模糊，光想維持現狀都不可得，更別奢談什麼台灣獨立。我們非常不願意再提「高級外省權貴」這個名詞，但無論如何，直到目前為止，這個舊勢力，仍然盤據台灣政治、政黨、文化乃至演藝圈，陰魂不散。在台灣民調顯示，百分之八十以上的人認為中國是敵人的當下，以趙少康日前的發言說中國絕對不是敵人，最為典型。在蔣介石父子統治台灣的時代，像趙少康這樣的發言，恐怕早就屍骨無存了，哪還能讓他在國民黨內部和台灣政壇興風作浪？為什麼在台灣受高等教育，享受國民黨外來政權特種利益，和台灣民主政治洗禮幾十年的政客，沒有辦法分別善惡、認清敵我和現代世界的進步價值，只會一味地執著於中國民族主義的意識型態？從這個例子我們也看到了「中國的命運」。中國是被詛咒的國家。不可能有民主自由進步的未來。不管是「本省人」還是「外省人」，至今還分不清中國文化和中共的差別的人，應該醒一醒了。

二〇二一年三月二十五日《周玉蔻嗆新聞》專訪《今周刊》副總編輯劉俞青。主要是以《今周刊》（2021/03/22→03/28）當期的封面故事為主題，對劉俞青根據第一手調查所撰寫的《中資狼爪伸進台灣護國群山》的報導，作進一步的訪談。該期雜誌報導針對這個主題，作了深入的調查、採訪。光看下列一些子標題，就讓人怵目驚心：

（一）跳槽華為工程師告白

（二）深入中資竊密案主場景。揭穿陸企隱身術。竹北ＩＣ設計聚落「紅影」幢幢。

（三）赤色力量威脅半導體重鎮：大新竹地區、台元科技園區、大台北地區。首善之地「中資不設防」。

（四）化名、寄生，中資偷人才偷技術５劇本。

據報導，被列名的公司，對訪問調查多數採取閃躲不予回應，還有一些已經悄悄逃避，足見其作賊心虛。但是令人憂心的是，文中還採訪了調查局「經濟犯罪防制處企業肅貪科科長張傑程，他憂心而又生氣說「沒有一個陸資法人在台灣遭到定罪」。

另外還有一篇《中資進校園大打長線滲透戰》則對中國惡意在台灣校園進行大辣辣的統戰，作詳細的解說報導。聽說「春雨團」用超低的團費，招攬台灣大學生到中國參觀。據說接受招待的學生，已經超過五十萬人。這篇報導也披露了他們的操作手法，對不設防的台灣校園，如入無人之境，讀來令人憂心。

台灣近日來的政情發展，許多人都還以台灣擁有台積電和其他ＩＣ設計人才而沾沾自喜，以為台灣的國家安全可以靠這些產業而安全無虞。但是如果好好看一看這期《今周刊》的報導，恐怕大家要睡不著覺了。大敵當前，看到「國民黨」逢台必反搞分裂；執政黨政客則還在算計選舉利益，爭奪派系地盤或耍小聰明搞什麼九二共識「建設性的模糊」，麻痺台灣的敵我意識。真所謂「七月半鴨子不知死」。

二〇二一年三月三十日

一齣主角缺席的百年歹戲

一八九五年滿清王朝被日本國打敗而將台灣割讓給日本。滿清王朝不但沒有疼惜台灣人不明不白作了亡國奴的不幸，還撂下一句：「台灣鳥不語，花不香，男無情，女無義，棄之不足惜也！」。真是奇哉怪哉！在當時中國人心中，台灣人不是同文同種的中國人嗎？另一方面，當時日本政府曾給不願意當日本臣民的台灣人兩年的時間，處理變賣財產遷居中國。但還是有很多族群意識強烈的台灣人，起兵反抗日本。在台灣土地上的斑斑血跡，是台灣人作為台灣主人所灑落的熱血。也是對滿清鄙夷台灣土地，侮辱台灣人民，所作出的最驕傲的回答。當時擁有四億五千萬人口的中國人，有沒有台灣人壯烈抗日的勇氣和尊嚴呢？還好意思恥笑台灣人！

一九四五年第二次世界大戰，日本不敵美國強大的海軍，在太平洋的爭霸戰中，美軍不但對日本在南洋佔領的各國土地實施反攻，也對太平洋日本占領的一些小島如硫磺島、塞班島等，浴血攻堅。但是給予日本最沉重的打擊的是，美國的航母戰鬥群，全殲了日本的十一個航母戰鬥群。到了這個時候，日本喪失了制海和制空權。可以說已經門戶洞開，對美國海空軍的攻擊，毫無招架之力了。聽說當時麥克阿瑟曾有攻佔台灣的想法，後來沒有實施。台灣說大不大，說小不小。而且當時還是日軍南進的基地，或許美軍沒有十足把握和日軍在台灣作殊死戰。後來美國以兩顆原子彈，讓日本人鬥志全失，終於宣佈無條件投降。從這一段歷史來看，日本海空軍在太平洋被美國打敗，才是日本敗戰的主因。日本宣布放棄台灣主權，為什麼不說歸還中國？可能有兩個意思：一是說日本在太平洋戰區是敗給美軍，而不是敗給中國。其次是盟軍會如何處置日本海外所佔領的領土，尚未可知。或許留給台灣人一個民族自決的機會，就像一八九五年日本給予台灣人兩年時間選擇去留的機會一樣。事實上，後來世界很多殖民地紛紛自決獨立，而最不幸的是台灣人。不但沒有給予自決的機會，還讓中國國民黨流亡政權佔領，讓「中華民國」借屍還魂，霸占台灣。以白色恐怖的手段，壓迫台灣人達五十年，直到一九九六台灣人才能直選總統。選出屬於國民黨的李登輝當總統，這是台灣人流血流淚幾十年才爭取到的民主，也是台灣人終於成為主角的初步。然而，這只是對內部的主權而言。

話說回來，一九七一年第二十六屆聯合國大會通過第 2758 號決議，承認「中華人民共和國」取代「中華民國」代表「中國」的席位。自此被「中華民國」亡魂附體的台灣，也不明不白地跟著被排除在聯合國門外，成為國際難民五十年。作為台灣土地主人的台灣人，好像不存在似地，任人擺佈。

國際政治毫無道義可言，一九七九年台灣被美國拋棄斷交。美國其實是和「中華民國」斷交，但是作為這塊土地主人的「台灣人」，也莫名其妙地隨同「中華民國」「落衰」，這又是一場主角缺席的戲劇。台灣人「落衰」超過四十二年，不但在國際社會「妾身未明」，還天天遭受中共的文攻武嚇。尤其在二〇二〇年匪機、匪艦每天入侵領海領空，如入無人之境。原因無它，台灣沒有主人。這又形同是一個主角缺席的叢林。

二〇二一年三月中旬，美國和日本、韓國各舉行2＋2高峰會談，後來又和中國在安克拉治也舉辦2＋2會談。其實作為美國和日本，以及美國和中國，最大的關鍵議題，大家心知肚明，非「台灣」莫屬。只是大家心照不宣，姑隱其名。這又是一場主角缺席的外交戰。四月十六日日本首相訪問美國，和拜登發表聯合聲明，但是對作為關鍵的台灣，故意以「台灣海峽」模糊帶過。大家都猜測這模糊的部分，必定是載明於一個密約。對日本自衛隊三階段參與戰事的文字，也不敢表明在美國還沒有採取馳援台灣的行動前，日本自衛隊可以先採取行動馳援台灣。而作為「主角」的台灣，在戰爭中和美國、日本的軍隊應該採取的作戰準則，也完全沒有提到。難道台灣軍隊，到時候可以不管美、日聯盟，完全自由行動嗎？或者到時候，台灣軍隊要聽美軍印太司令的指揮行動？美國四月十五日派來號稱拜登密友的陶德和其它兩位前議員和官員，拜會台灣總統、副總統、外交部長、國防部長等重要官員。或許，我猜想，這是對缺席的主角「台灣」，作一個合乎美國國家利益和合乎國際規則的祕密安排。我不知道台灣政府高層滿意不滿意這樣的安排，但是台灣人除了接受美國的安排之外，又能如何呢？

四月十九日美國跨黨派眾議員，提出《台灣國際團結法案》，旨在阻止中國扭曲聯合國2758決議案的原意，在國際上打壓台灣的外交空間。他們指出一九七一年聯合國通過該項決議，只是議決了聯合國中國席位，排除了「中華民國」，由「中華人民共和國」取代而已。並未處理台灣與台灣人民在聯合國及周邊組織代表權問題。也沒有在「中華人民共和國」與台灣關係上採取立場，或包含任何關於台灣主權的聲明。《台灣國際團結法案》並表示，美國反對任何沒有台灣人同意下，試圖改變台灣地位的倡議。這項法案，終於洗雪了台灣一九四五乃至一九七一年以來所蒙受的不白之冤。也等於由美國來宣告，「中華民國」不等於「台灣」。台灣人應該有台灣的主張。

很高興在民報的政治新聞看到「台灣社」、「中社」、「南社」、「東社」、「北社」、「客社」聯合發出一個感謝的聲明。但是我覺得，代表台灣執政黨的民進黨，應該要有更縝密的擘劃以應對這個法案，並以「主角」身分，作出更權威的聲明，以昭告國際社會和台灣人民。台灣人憋屈了一百二十六年，該是身世大白的時候了。

二〇二一年四月二十二日

國民黨主席應有的格局

離開國民黨另組「新黨」的要角趙少康，二十七年後宣告回歸國民黨。因為現在國民黨已經失去政權，無論是政治地盤或經濟基礎，都已大幅萎縮。選擇在這樣窘困的情況下回歸，是否懷有「趙氏孤兒」之情，不得而知；但就其演講的激越看來，頗有「少康中興」之志。因為正值國民黨黨主席的競選進入表態的階段，所以他在此刻回歸，難免被認為與此有關。但是他又聲明不參加黨主席競選，或許他有更大的志向，也是合理的猜測。台灣幾十年來，歷經民主政治的洗禮，不但民主價值漸漸深入人心，政治道德也慢慢形成社會的共識。以前國民黨一黨專政，可以不講道理，不管百姓的時代已經過去了。趙少康回歸國民黨，如果沒有這樣的體認和覺悟，對他對黨對國，可能不會有幫助，或許反而還會攪亂一池春水也說不定。

二十七年前離開國民黨的「新黨」要角，以所謂的「外省人」居多。這一次趙少康回歸，聽到外界有「外省人回來了」的耳語，頗為憤慨。其實他大可不必為此生氣，因為「外省人」是「中華民國」的黨國義理下的產物。「台灣」如果是屬於「中華民國」的一省，那麼不是「本省人」，就是「外省人」，這只是一個中性的名詞而已。問題出在二二八大屠殺，製造出種族仇恨；不公平的施政又製造出人為的「階級矛盾」，更衍生出本不該存在的「省籍矛盾」。如果完全歸罪於蔣介石和國民黨，或許是不可承受之重；但說是歷史的錯誤和不幸倒是「省籍大和解」應走的第一步。不管是民進黨也好，國民黨也好，甚至是親民黨、新黨、民眾黨、時代力量、基進黨等諸多小黨，無不努力突破省籍框架，吸收支持者，而且實際上也呈現省籍融合的現象。我們的社會，更是如此。如今再以省籍來區分政治人物，容易造成偏見，這是聰明的政治人物首先應該突破的心理障礙，也是所有在台灣的人都應該具有的認知。如果不此之圖，那就只會在不知不覺中變得心胸狹窄、自我設限，如何能成大事。如果只求國民黨一黨的團結，那絕對無法團結國民黨。我沒有聽到趙少康對改革派的主張有所回應，面對中共對台灣的各種滲透打壓和武力脅迫，也沒有提出如何團結台灣人一起抵抗中共的說法。只說選民進黨就是選擇戰爭，選國民黨就是選擇和平。和他所提出的「親美和中」一樣，都是過度簡化的政治口號。民進黨執政，對中共的步步進逼，非常小心謹慎，深怕中共借故製造爭端。人民看得很清楚，挑釁的是中共，不是民進黨。為什麼趙少康會這樣胡說？是傾中和統一的意識型態造成他的偏見？或仇恨民進黨造成的狹隘格局所致？這都不是一個國民黨主席該有的心胸，更不是要當中華民國或台灣總統該有的格局。

我們都知道近年來國民黨內部，有不少年輕人認為如果不改變國民黨「傾中」和「統一」的印象，恐怕在民意大多反對「統一」和討厭「中共」的潮流之下，國民黨永遠不可能執政，甚至會泡沫化，江啟臣就是獲得有這種想法的人的支持才當上黨主席的。但是「傾中」和「統一」的舊勢力，意識型態非常頑固。他們的意識型態，「統一」是唯一至高無上的價值，所以他們看不見中共違反普世價值、和全世界民主潮流敵對的事實，他們的心被狹隘的民族主義意識型態所蒙蔽。如果統一是必須生活在中共那樣的國家之中，有多少人會嚮往這樣的統一呢？請他們自己午夜夢迴時，捫心自問，他們真的希望自己和自己的子孫活在那樣的國家中嗎？請他們想一想，在無可奈何的歷史境遇中，蔣經國除了暫時為「中華民國」和「中國國民黨」制定「民主化」和「本土化」的大方針之外，還能有什麼更務實的選擇？李登輝完全能體會蔣經國的苦心和睿智而一肩扛起歷史交付給他的重擔。有人說「中華民國」就是「華獨」。你以為呢？先把台灣這塊土地和人民顧好，不要被中共消滅，這才是第一個最重要的事。你在自己站都站不穩的時候，和中共一樣主張「統一」，就會無形中在意識型態模糊了自己和中共的界線。這就成為中共用來統戰國民黨和台灣人的利器。有一些本來跟著蔣氏反共的國民黨高階將官，投靠中共背叛台灣。原因在此。

國內政治生態一直在演變，世界局勢也不斷在改變。台灣的生存和發展，以及人民的自由和幸福，是人民最關心的事，也是政治家應該時刻牢記心中的理想。對世界不可抵抗的民主潮流和普世價值沒有清楚的認知，而只懂得死抱著統一的神主牌不放，這樣的政治人物，絕對不是國民黨黨主席應該有的格局。縱使當上黨主席，也絕非國民黨之福，更不是中國或台灣人民之福。甚至也不是世界之福。

面對中共專制獨裁政權，不只是國民黨需要團結，台灣各黨都需要團結在一起。只有團結在普世價值和全台灣共同的利益之上，才能獲得真正的團結。希望國民黨能選出一個有胸襟有格局的黨主席。

二〇二一年四月三十日

俠與黑

最近民進黨因為黨員趙介佑涉毒，和種種劣行曝光，受到輿論的批評。連前台北市黨部主委黃承國，也被國民黨的鄭麗文以黃具有「黑道背景」大肆攻擊。黃承國回應說，年輕時或許曾經年少輕狂，但是二十幾年來，規規矩矩作人做事，滴酒不沾，連交通規則都小心遵守，並對鄭麗文當初背叛民進黨加入國民黨，背叛民主價值和理念加以反擊。

在國民黨白色恐怖統治時代，別說民主自由，連司法公正都不可得，台灣人被這個鐵桶一般的國民黨政權完全控制。黨外民主運動，只能在「法律」的邊緣遊走，從事「革命」。之所以說「法律邊緣」，是因為「法院是國民黨開的」。犯不犯法，國民黨說了算。回顧當年的「黨外民主運動」，實在稱不上「革命」。因為他們爭取的只不過是一點點的言論自由，和選舉的公平而已。但是統治者的慣用語是：「這事可大可小喔！」。一反「秀才造反，三年不成」的古訓，當年敢從事民主運動的，以堅持自由民主理念的讀書人為多。當年我就很納悶，為什麼敢殺人放火的「黑道」一大堆，卻看不到敢為社會的公平正義挺身而出的「俠」？在土匪政權的眼中，殺人放火不會危及國民黨政權，而且對付那些黑道，輕而易舉。反而那些爭取言論自由和公平選舉的「書呆子」，才是可能顛覆其政權的危險份子，而且他們受到人民的支持，處理起來很麻煩。韓非子說：「儒以文亂法，俠以武犯禁」。今天應該改為：「儒以文犯禁；俠以武亂法」才對。讀書人並沒有亂法，亂法的是國民黨和枉法裁判的法官，讀書人只是犯國民黨的不義之禁而已。而有俠義心的讀書人也好，農民也好，或「七桃郎」也好，稱之為「俠」，名符其實。是這樣的「俠」，才敢挺身而出，衝撞「非法之法」。那麼說「俠以武亂法」，只是亂國民黨「非法之法」的「俠」。其實在法治國家，「黑道」和「俠」沒有模糊的空間。只有在司法不公、正義不彰的社會，才有替天行道的「俠」存在的義理。在專制時代搞革命，是一種浪漫。早期的黨外運動者，大多數是懷有浪漫性格的讀書人。他們本來是手無縛雞之力的書生，對「革命」、對「俠」都懷有一種浪漫的情懷和想像。堅持自由民主和人權的普世價值，對抗專制獨裁的外來政權，不管是什麼出身、什麼職業，只要站在正義的一方，就是同志。對「黑道」也好，「七桃郎」也罷，只要改邪歸正，並且懂得大是大非，敢為社會公平正義挺身而出的人，都會更加珍惜和敬重。是不是黑道，不是誰說了算。有沒有犯法，犯了哪條法，才是司法追究的重點。黃承國如果有什麼犯法的事情，鄭麗文應該明白提出指控，而不是隨便以「黑道」之名對黃承國潑髒水。其實鄭麗文只是想藉此打擊民進黨而已。

對黃承國批判她背叛民進黨和理念，鄭麗文倒是在她的臉書提出反擊，洋洋灑灑列舉近年來蔡英文和民進黨對民進黨理念和價值的種種背叛。我還沒有看到民進黨和蔡英文的回應。鄭麗文所說的，即使有些是事實，但這也不能正當化她十九年前背叛民進黨的行為。她應該對大家說清楚，當初如果不是為了自由民主和公平正義，而反對國民黨，她是為了什麼加入民進黨？而十九年前又為了什麼背叛民進黨加入國民黨？

國民黨因為被認為「傾中」和「統一」，失去選民的支持。在台灣主體意識的認同上，國民黨無法和民進黨競爭，只好拿各種內政問題和執政黨糾纏。這些作為，只能製造一點政治噪音，對國民黨不會有加分的作用。對民進黨也未必會減分，但是這次發生趙介佑事件，讓鄭麗文撿到槍。我認為黑道事件對民進黨，遠比萊豬、廢核那些議題的傷害要大得多。所以民進黨應該對黑道問題，澈底說清楚。大是大非，當然該澈底說明；國民黨的黑道數量之多，對台灣政治、宗教和善良風俗的敗壞，更應該來個總清算，讓人民看清楚國民黨有多黑。但是光指摘國民黨，不能讓民進黨更乾淨。如果有身在黑道幫派，或和黑道幫派牽扯不清的黨員，即使本身沒有犯法，也不能保證那些幫派不犯法。所以應該拒絕幫派份子入黨。但是具有正確的政治理念，站在公理正義的一方，而且早已改邪歸正的「黑道」，反而比那些背信棄義的政客高尚得多、清白得多。不是嗎？

至於像新黨王炳忠、侯漢廷等人，拿中共的錢在台灣發展組織，法官居然判決無罪；統促黨由黑得發亮的大哥，接受中國官媒訪談，宣稱要透過自己的江湖背景，吸收中南部年輕人，由綠轉紅，成立紅色隊伍，宣揚和平統一，號召陣前起義。以政黨之名合法掩護非法、用江湖的口才以言論自由當護身符，幹「竊國」的勾當，這些人才是真正「大尾」的呢。「宣揚和平統一」可以辯稱是言論自由，但是「號召陣前起義」難道沒有觸犯叛亂罪嗎？為什麼以江湖背景可以吸收中南部年輕人？他當然了解黑道人物本來就是具有叛逆性格，有行動力，敢衝敢殺，自有一套犯罪邏輯和規則（CODE），並且可能已經是犯罪累累，與政府為敵的「罪犯」。為什麼特別說要吸收南部年輕人？是南部黑道比較好騙？或南部黑道是綠色的？還是北部黑道已經是紅的？老實說，他雖然很聰明，但是玩得不夠「漂撇」，不夠超凡入聖。要混到「侯」的等級，為人行事要能讓社會大眾稱讚，或至少能夠接受。法治國家，沒有「黑」可以冒充「俠」的空間，更別說人神共憤的「紅」了。

二〇二一年五月十日

誰是麻煩製造者？

一提到這個命題，相信大多數人的腦袋裡就會跳出「台灣」。

人的意識，不但像一個不上鎖的房子，而且更像是沒有門的房子。更糟糕的是，這些房子還常常是沒有主人的房子。沒有思想的腦袋，就像是沒有主人的房子。善於洗腦的中共，利用搶到美國這個政治恩客的時機，把被拋棄而哭鬧的棄婦「台灣」，罵成是破壞春宵的「麻煩製造者」。中國不斷重複這樣說，洗美國人的腦，也洗台灣人的腦。在台灣的統派當然用擴音器大聲放送，連寧可乖乖當棄婦的奴性的台灣人的腦袋，也被這樣植入了這個莫名其妙的罪名。當阿扁總統不願順從被美國拋棄的命運，拋出「一邊一國」的主張時，阿扁就成了最大的麻煩製造者。小布希當總統時，就視台灣為麻煩製造者，而阿扁就是最大的麻煩製造者。作為台灣的總統，替台灣人說出台灣人的主張，展現台灣人的國家意志和反對霸權苟合的骨氣，理當受到台灣人的支持，或至少受到民進黨同志的強烈支持才對。但不幸的是，事實並非如此。腦袋裡沒主義的不說，把台獨列為黨綱的民進黨菁英，有多少人站出來一起大聲喊出

「一邊一國」的主張？台灣人沒有建國的志氣，也沒有獨立的骨氣。不但美國人不看重你，中國人也看不起你。阿扁揹這個十字架，揹得莫名其妙，揹得很荒誕。有人說阿扁是為了挽救自己才這樣做，但是衝著這個主張，台灣人也應該同聲一氣，大力支持，而不應該任由中美霸權把台灣人當奴才，踩在腳下，連哀叫都不敢。我們支持的是台灣的主張，不是陳水扁。事實上，阿扁喊出了「一邊一國」，天也沒塌下來。

二〇一六年川普當選總統，採信那瓦羅《致命中國》所指出的中國對美國的危害，開始對中國採取各種反制。過去拋棄台灣，視台灣為「麻煩製造者」的態度大為改變。不但總統、國務卿對台表示友善支持，參眾兩院也訂定很多抗中護台的法案。很顯然的，「麻煩製造者」，一夕之間由台灣變成了中國。二〇二〇年拜登當選總統，號稱習近平的好朋友的拜登，今天對外否認是習的好朋友。本來中國以為拜登對中國的政策會比較友善，但從最近的發展看來，美國的對中政策不但沒有比較軟弱，反而更加強勢。從川普的印太戰略，不但由美日、美韓的2＋2會談進一步以聯盟條約加以落實，更在G7領袖峰會共同聲明，劍指中國。並且本來和中國沒有地緣政治矛盾的歐盟，也因為感受到中國一帶一路和全球化的威脅，而宣稱軍事同盟的組織「北約」也要把中國列為威脅。甚至一向被認為和俄羅斯不友善的拜登，也和普丁握手言歡。互相讓被各自招回的大使重回美、俄使館。看起來中國不但是美國的「麻煩製造者」，更升級為世界的「麻煩製造者」。

從一九七九年美台斷交，台灣至今已經「莊敬自強、處變不驚」四十三年了。一九九〇年代，中國因為實行「共產黨資本主義」的開放政策，變成世界工廠。二〇〇一年還在美國的大力支持下進入WTO，享受全球化所帶來的鉅大利益，不但替共產黨穩固了專制獨裁政權，也讓這個專制獨裁政權制霸世界的野心高漲，到處張牙舞爪。終於把美國這頭睡獅吵醒了，二〇一九年十二月又爆發武漢肺炎，傳染全世界，造成一億七千七百多萬人確診，死亡超過三百八十五萬人的浩劫。到目前為止，數目還繼續增加中。現在有消息指出，有一個疑是中國國安部副部長的叛逃者，三個月來受美國國防部情報局監管，已經供出武漢肺炎是由武漢實驗室製造出來的關鍵證據。中國不但是全世界的「麻煩製造者」，更是禍害全世界的罪魁禍首。以前被美國冤枉成「麻煩製造者」的台灣，終於好不容易擺脫了這個魔咒，從黑暗的永夜盼到了黎明。

台灣人不能做逆來順受的奴才。如果我們沒有追求獨立的勇氣，也沒有堅持自由民主的理念，那我們台灣人和共產黨統治下的中國人又有什麼差別？相信美國人也會這樣評估我們台灣人的。現在國際情勢已經轉變，是台灣人應該思考如何掙脫身上的枷鎖的方法和時機的時候了。

二〇二一年六月十八日

中國崩潰已經開始

從二〇〇〇年開始，中國經濟崛起的勢頭，誰都可以看得出來。也開始引起很多政治經濟學者的注意和研究。就現實面來看，早在一九八九年六四天安門事件前，很多中小企業主就已經「大膽西進」，天安門事件也沒有嚇倒這些人。金錢的味道，顯然蓋過血腥味。章家敦在二〇〇一年所出版的《中國即將崩潰》，是當時最大膽的預言。章家敦是美國的華裔學者，他有自由世界資訊、思想和發表的自由，這是他的優勢。他的預言最大膽的是，他認為中國在五年到十年的時間內就會崩潰。理由是中國的政治制度和經濟開放的資本主義市場經濟，有根本上的矛盾。有兩個重要因素被他低估了，一是中國共產黨的控制力，其二是中國人民的奴性和動物性，而第二點也正是中共控制力的基礎。不要說五年十年，到今天二十年都已經過去了，中國並沒有崩潰。台灣中小企業主，身處戰場最「錢」線，他們才是火中取粟「現在進行式」的見證者。憑他們靈敏的嗅覺和對經營環境高度靈活的適應力和滲透力，他們寧可相信自已根據實際接觸的經驗和直覺的判斷，不會相信學者根據研究資料和理論所做的預言。經濟上的大趨勢，誰都看得到，但那不會在很短的時間內出現翻天覆地的改變（比如說五年或十年）。而台灣中小企業冒險家應變的靈活性和對企業經營的思想（比如說永續經營的觀念），並不是這些學者可以理解的。根據意識型態來決定企業經營的人，不會是多數。因為你的錢如果是共產黨賜給你的（比如說政商勾結），如果有一天中國真的崩潰，那你也只好跟他走到底，沒有什麼選擇，也沒有什麼好抱怨的。有能力有遠見的企業主，誰都懂「狡兔三窟」的道理。他們早就嗅到了危險的氣味，也深謀遠慮地在東南亞國家設廠，甚至也有到伊索比亞設廠的。規模比較小的冒險家，有的賺到錢，見好就收，不陪他玩到底，也沒有本錢跟他玩到掛。他們三十年前還是年華正盛，有幹勁有夢想的中年人，現在也到了退休的年齡。不談國際政治不利的局勢，單就經營環境來看，進退的拿捏，實在不需學者預言，自己應該很容易下判斷的。什麼《中國陷阱》二〇〇一、《中國熱》二〇〇二、《慾望中國》二〇〇五、《謊言帝國》二〇〇六、《野心時代》二〇一五等等，主要是學者的學術研究，或記者的親身經驗。其實台灣的商人都是在虎穴裡親自經歷過來的見證人，無需學者多說。

我們無需替台灣商人擔心，但是我們卻有更大的問題值得關注，那就是台灣國家的安危和發展。為了這個緣故，我們仍然需要去注意學者的研究和觀察，畢竟那是他們的專業。他們會根據很多資料和數據，提出他們獨到的見解。最近因為中國對台威脅，情勢日益嚴峻，國際外交對中國圍堵的局勢，卻對中國十分不利。台灣國家的命運，似乎走到了一個關鍵時刻。中國既然是個大敵，那麼如果中國崩潰，對台灣的威脅不是就自然會解除了嗎？最近我看了在美國的華裔政經學者何清漣和程曉農二〇一七年在台灣出版的《中國潰而不崩》。在中國這是禁書，因為該書有太多有憑有據的資料，是中共害怕人民看到的。即使根據的資料非常詳實，研究態度也少有意識型態的偏見，但是我們也不必一定要相信他們最後的結論：中國潰而不崩。他們的理由是，支撐社會的四根支柱：經濟秩序和就業、生態系統、道德倫理、政府控制力，前三者已經潰爛，但是共產黨集權的控制力卻能維持中國不崩。書中對這這些有詳細的論述，對中國未來解決這些矛盾的可能性之一，地方治理（有點像地方自治的影射），也不敢樂觀。因為程曉農曾在網路媒體採訪中，談到他在中共中央辦公廳當過差，對中共軍委會最高層對中央辦公廳訊息傳遞嚴密的控制，以及所有政治局委員和其他要員的醫療健康和近身衛隊，都由中央軍委會統一派任指揮。因此等於說所有的政治要員，都在中央軍委最高層掌控之下。民間網路控制和維穩經費超過國防經費，把人民的思想控制得死死的。這就是他預言中國在未來的十到二十年不會崩潰的理由。

但是如果硬要批評這本書立論的弱點，第一是國際局勢外在的壓力和危機沒有被考慮進去。而經濟政治全球化，中國無法不受國外壓力和影響。本書出版於二〇一七年，二〇二一年自由世界先進工業強國對中國圍堵的態勢，在那時也還沒發生，或許這是作者始料未及的吧。有沒有可能因為中共領導人的愚蠢和錯誤，引起世界強國的政治經濟甚至軍事的攻擊，最後引發中國內部的革命，讓中國在短短的一兩年間就土崩瓦解？從現在局勢看來，好像正朝這個方向發展。第二個弱點，或許很關鍵，也或許不是很確定，那就是立論出發點，比較「唯物」了一點，數據和資料都是很「唯物」的。中國人民雖然奴性很重，也很「唯物」，思想又受到很嚴密的控制。這樣的控制看起來很嚴密，人民的奴性和動物性看起來也很容易控制，但是人民受教育越來越普遍，網路翻牆越來越難以控制，幾十年來中國翻譯西方自由世界的著作幾乎沒有限制，最近才開始清查限制。我認為中國知識份子的思想，如果沒有被影響的話，那就等於說中國沒有知識份子。我認為政治革命肇始於思想革命。人心早已思變，革命只待一根點燃的火柴而已。或許因為這個因素很難明確斷定，所以他們不想憑空臆測，這一點可以理解。但要斷言中國十到二十年之內，不會崩潰，我就沒有這樣的信心。

中國崩潰對世界好還是不好？說法不一。其中以歐巴馬的說法最為偏差，他認為「一個衰落的中國比一個崛起的中國更可怕，他害怕會因而無法避免和中國衝突，也害怕美國會因而面臨更多的困難和挑戰」。現在事實證明，這是錯誤的想像和推論。中國崛起變成世界和平最大的威脅不說，中國肺炎更禍害全世界，造成一億八千萬人以上的確診，三百八十五萬人的死亡。這是中國衰落造成的，還是中國崛起造成的？我說歐巴馬胡說八道，絕對不會錯，美國差一點就被這些左傾的政客害死。

對台灣來說，我認為一個自由、民主、平等的中國，會對台灣有利。一個獨裁專制的中國，崛起絕對比衰落對台灣不利，這是普通常識和邏輯就可以推斷的，台灣人要做好思想的準備。以前台灣人的命運被帝國主義所擺布，是因為沒有國家意識，沒有主張自己命運的意志。如果碰到關鍵時刻，台灣人應該懂得怎麼做。

二〇二一年六月二十八日

台灣獨立的條件

美國白宮印太事務官坎貝爾發言，美國不支持台灣獨立，但美國支持台灣尊嚴，也試著（對中國蠢動）釋出嚇阻訊息，引起台灣統獨意識型態者的各自解讀。其實這個宣告，是美國的危機管理，美國的立場，並沒有改變。只是因為中國對美國威脅日增，台灣開始被重新估價。美國「支持台灣尊嚴」這句話，我認為是美國注意到過去美國為了聯中制蘇而拋棄台灣，造成台灣幾十年來被中國打壓，在國際被侮辱勒索。在二戰後沒有尊重台灣人自決的權力，隨便就讓國民黨流亡政權接收台灣，造成二二八大屠殺。美國也沒有介入管理，任令台灣人在國民黨獨裁政權恐怖統治之下被蹂躪踐踏，任何有血有淚的台灣人，對美國豈能無怨？對以獨立建國和新教信仰為立國精神的美國，豈能無悔？雖然台灣人知道台灣是在美國保護下，才能抵抗中國的武力威脅。只是這樣的政策，正好符合「美國的國家利益」而已，不是出於美國人的基督教精神，或對台灣人的道義。

然而，這樣的思路，只能讓我們變得自怨自艾、憤世嫉俗，甚至誤解國際政治現實，對台灣獨立策略的思考，沒有幫助。台灣人應該盱衡現實、反求諸己，不可把獨立的意志和命運建立在別人的施捨和意志上。美國人當初可是非常勇敢地和母國英國打獨立戰爭的。所以從美國人的思惟模式來看，台灣人如果沒有打獨立戰爭的勇氣（不管是主動或被動），那麼台灣人就沒有獨立的資格和條件。因為台灣已經是一個民主國家，如果台灣人有不需美國支持就能獨立的力量，那美國也不會反對台灣獨立。台灣現在除了有族群和意識型態的分歧，還有黨派之間的爭權奪利，成為中共操縱分化台灣人的把柄。看起來台灣獨立的時機確實還沒有成熟，但這不能阻止我們獨立的願望和行動。幸好我們的民主制度已經日漸成熟，只要遵守民主法治規範，就可解決一切分歧。以下幾點，都是我們可以做的內政：

一、在民主制度的基礎上，建立以自由、民主、平等、現代化的台灣國家為共同目標，一起努力共組一個有尊嚴的國家。這就是大家的獨立思想。

二、陪審制是改革司法的唯一良方。法官的「自由心證」，讓法官變成民主台灣僅存的獨裁者。最壞的法官不是貪污的法官，而是根據傾中的意識型態判案的法官。不知道為什麼本來把陪審制列入黨綱的民進黨，全面執政後卻全力阻止陪審制。證據確鑿的匪諜，可以被判無罪。這是民進黨要的嗎？我不知道蔡英文在阻擋陪審制這件事，扮演什麼腳色。但她是總統，有權就有責。

歷史會把這筆帳算到她頭上。

三、過去台灣培養出一流的科技、醫療生技和工商人才，讓台灣有了護國神山。文學、歷史、哲學、藝術，其實更需要頂尖的思考力和創造力，不是「背多分」的學科，這是台灣欠缺的「軟實力」。和猶太人比起來，台灣人在這個領域的表現，實在太平庸。我相信台灣如能出現幾個世界級的文學家、藝術家、哲學家、音樂家，台灣就一定能獨立。心靈的力量，是一個國家源源不絕的熱血。

四、深化軍隊國家化和現代化，不要再以黃埔黨軍為傳統。連軍歌軍旗都需重新設計。以自由、民主的普世價值和國家尊嚴為基本信仰，培養基於人性尊嚴、榮譽和勇氣的軍人武德，這樣的軍隊才是有靈魂、雖千萬人吾往矣的軍隊。

五、台灣人應培養邏輯思考能力，家長、老師也應充實自己的哲學思考和民主素養。這樣才能抑制政客似是而非的狡辯，和敵國散佈謠言的政治作戰。過去國民黨怕台灣人有思想，所以用填鴨式的洗腦搞教育，教出了很多會讀書卻黑白不分的聰明人。我們應該要嚴肅面對為什麼還有超過五百萬台灣人投票給韓國瑜？現在柯文哲，還想複製另一個韓國瑜經驗。他的話術和騙術都超過韓國瑜。台灣人能看穿他的伎倆嗎？

六、如果民進黨不敢把台獨列為黨綱，那麼這個黨就沒有資格領導台灣獨立。如果在台灣連台獨都不敢說，那麼這種人只配當中國奴隸。讓這種奴隸的票主宰民進黨的國家意志和主張，那麼我們投票給這個黨幹什麼？難道要我們也當奴隸嗎？中國喊打，你就不敢說，那他就達到目的了。民進黨變質，我們也一樣看穿他。

七、大多數台灣人不了解中國，連在中國住了幾十年的台商，都不知道中國內部的真相。何清漣和程曉農在《中國，潰而不崩》和法國作家索爾孟在《謊言帝國》報導有關中國內部潰爛的真相，讓人對這個即將爆炸的壓力鍋怵目驚心。現在的政論節目，幾乎講同樣的東西，實在浪費電視成本，也徒增內部紛擾。他們應該製作報導中國內部真相的節目，除了讓台灣人了解中共如何以各種手段壓制自由、控制思想之外，也看看中國人生活在那個邪惡政權之下的悲慘狀況。看過之後，保證連統派也不會想跟這樣的國家統一了。

八、中國內外交迫，崩潰迫在即，經濟岌岌可危，台商應該儘快撤離。政府也應該因勢利導，幫助台商回台投資產業升級，再創台灣經濟奇蹟。讓台灣經濟脫離中共魔掌，並避免中共以商逼政。

九、以「中國」、「中華」命名的國營企業，應改為「台灣」，以正國內國際視聽，建造名正言順的「台灣」國家隊。凝聚全民的愛國心，迎接台灣新世紀的時機已經到來！

十、台灣人有追求自由和真理的思想，也有民主的生活方式，不可能接受中共的統治。我們除了殲敵於境外，也應該未雨綢繆，規劃山地和城市游擊戰略。只要戰事拖久，共產黨就會垮台，這會讓中共知難而退。不管如何，共產黨垮台，是遲早的事。對中國人民來說，那是真正的解放！世界和平、台灣獨立和中國解放，是世界「三贏」！我們誠心祝福中國人民的解放！也衷心祝福中國可以變成一個民主國家！

二〇二一年七月十一日

可以做不可以說？

台獨可以做不可以說。這句話聽起來總覺得怪怪的，但在獨派路線之爭的論辯中，不知道為什麼，這句話聽在台灣人耳裡，特別順，特別有說服力。我記得最初好像是黃信介所說，黃信介在黨外運動中，一言九鼎，大家都尊敬他、相信他。而當時的背景是，李登輝先生根據憲法體制繼任總統，接著在一連串驚心動魄的鬥爭中，站穩了國民黨黨主席的位置。但是，國民黨內的舊勢力，尤其是一些「主子」意識特別強烈，沒有平等心、也沒有民主觀念的「中國人」，總認為台灣人當總統是「竊國」。在他們的心中，台灣人只能當他們的奴才，怎麼能當他們的總統呢！？另一個問題是，儘管李登輝是蔣經國欽點，對黨國也是唯唯諾諾（這是台灣人當時的印象），但是不曉得為什麼，他們就是不相信他。反而是黨外的黃信介，相信李登輝有民主改革的決心。族群、階級、統獨和黨派的分歧，自然會在民主體制的運作下，獲得合理解決。李登輝有沒有「台灣意識」，固然是很重要的信賴基礎，但是民主的信仰才是更廣大、更堅實的基礎。當時黨外運動中，有很多所謂的「外省人」參與，就是在自由和民主的價值上有了共事的基礎。而「可以做、不可以說」是不是黃信介和李登輝對台灣獨立的路線，在當時有這樣的默契，不讓李登輝承受過多來自黨外的壓力，我們不得而知。但在當時的政治環境來說，這確實是安定政局的好辦法。

其實從國內方面來說，在解嚴前，台灣獨立既不可做，也不可說。解嚴後，人民有主張獨立的言論自由。只要不犯法，從事獨立運動也沒有什麼不可以。在民主法治的體制下，台灣獨立是既可以說又可以做的。法律如何定義台獨？有哪一條明定台獨的什麼行為、犯什麼法？沒有啊！這就是為什麼以前國民黨要另訂「動員戡亂法」的原因。因此台灣人民，本來就有主張獨立和推動獨立的自由和權力。

從執政者的角度來看，國內存在著獨派和統派。為了避免無端製造紛爭，政府在不必要的時候，儘量以「為政不在多言」為原則，避談統獨，不失為明智之舉。但是李登輝為了讓中國，和台灣的「中國人」放心，主導「國統綱領」的制定。說來有點不雅，這可以說是「放屁安狗心」之舉。後來李登輝對德國記者透露「特殊國與國的關係」的「兩國論」。算不算推動台獨呢？陳水扁在二〇〇〇年，意外贏得總統大選，延續李登輝民主化和本土化的方向，算不算實質推動台獨呢？後來陳水扁更提出「一邊一國」的主張，這是不是推動台獨呢？不要說人民有主張台獨、推動台獨的自由，就連執政當局，都對台獨又說又做。天塌下來了嗎？

從國際環境來看，和平穩定的台海，似乎是中國故意設定的話術。中國虛張聲勢恫嚇台灣人，說台灣獨立就要動武。台灣的統派就配合演出，藉此壓制民進黨、恐嚇台灣人；另一方面也讓台灣遭受國際壓力，因為相關國家在這個地區有經濟利益的考量。除了經濟利益之外，美國還有全球戰略的考量，因此最主要的壓力來自美國。這一招在過去似乎很有效，但是二〇一六年以來，中美關係一百八十度轉變。二〇二一年以來，美日和歐盟各國，已經頻頻突破中國的紅線，大力支持台灣。最近美國三次軍機降落台灣機場，根本是故意要踩中國的紅線給中國看。既然世界各國都已經不再害怕中國的恫嚇，為什麼台灣還要自我設限？而且從這個局勢看來，統一才是對世界和平的挑戰。將來「統一」會變成「既不可說，又不可做」，是必然的趨勢。

不管其他國家有什麼主張，台灣人一天不獨立，就一天要當國際孤兒，成為許多國家敲詐勒索的對象，並且無法擺脫中國的武力威脅和糾纏。統獨會成為中國操縱分化台灣的手段，也成為許多奸詐政客勾結中國、出賣台灣的誘因，這對台灣是非常不利的。

台灣沒有國格，台灣人民就沒有人格尊嚴。「可以做不可以說」，正是台灣人小媳婦心態的悲哀，以後請不要再對台灣人推銷這張符咒了。為了台灣的國家利益和台灣人的尊嚴，台灣人應該光明正大地推動台灣獨立。不必偷偷摸摸，也不必自我禁錮。中國以統一對台灣苦苦相逼，反而把台灣加速推向獨立，這是天道所趨。中國人如果聰明，就應該放棄對台灣的逼迫，好好從事民主化的改革，讓中國人民也可以享受自由民主，過人過的日子。這才是順天應人的德政。

二〇二一年七月二十六日

血肉長城

被關在大牢三年，拒絕向蒙古征服者忽必烈投降的文天祥，寫出了驚天地泣鬼神的《正氣歌》。這是他上接千年前孟子「富貴不能淫、貧賤不能移、威武不能屈」的浩然正氣，而他八百年後的中國，這股正氣是否還在？

有宋一朝，對讀書人相當尊重，官員面見皇帝不必下跪叩頭。即使因為文字獄冒犯皇帝，頂多就是貶謫流放。蘇東坡被一貶再貶，越貶越遠，貶到天邊海角的海南島，最後還能活著回朝任官，就是一例。不只是蘇東坡，蘇東坡的政敵們也一樣。這樣的皇朝，或許替讀書人保存了一點尊嚴和骨氣。文天祥的正氣，其來有自。

明代讀書人當官，見皇帝下跪叩頭不說，還常常被當眾廷杖折辱，還要感謝不殺之恩，還有官員被罰戴腳鐐手銬上班的。對有一點尊嚴的讀書人，難道不比死還難過嗎？到了滿清，下跪叩頭不說，還常常自稱「奴才」。看多了宮廷戲，潛移默化，習以為常。中國讀書人十年寒窗的抱負，為的是要當這樣的奴才嗎？

可能出於政治敏感，號稱民國第一才子的錢鍾書，在其一九五八出版的《宋詩選注》，排除文天祥的《正氣歌》。面對一些人的質疑，他以一些牽強的理由搪塞。可能共產黨內多的是背叛國民黨的叛徒，或許會愧對文天祥的典範。為了避免讓他們尷尬，就不好把《正氣歌》這偉大的作品收入選集。也或許，和共產黨要打倒的孔家店一樣，《正氣歌》這個儒家道統也被視為大毒草？錢鍾書和其夫人楊絳，曾經在文革時期被列為黑五類加以批鬥，很顯然他們不是因為《正氣歌》獲罪。活在共產中國的讀書人，比明清時的讀書人還可憐。元朝有「九丐、十儒」之說，紅朝的讀書人又如何？

看中共統治下的讀書人，被鬥來鬥去，已經不知道什麼道理才是道理。講一句真心話，輕則批鬥勞改，重則喪命。他們不敢說真心話，不敢有自己的主張，活得像行屍走肉一般。「無神論」並不成問題，西方哲人如羅素就是無神論者。這只不過是不相信有神的一個想法，在宗教信仰上可以討論。一個有高度自覺和自制力的人，不依賴神的信仰而依賴自己的理性存活，有時是出自對自己的哲學負責的態度。這也值得尊敬。但是共產黨主張「無神論」，別有用心。他們否定神的存在，是為了不讓人民心中有高於「共產黨」權威的神。基督教也好，佛教也好，伊斯蘭教也好，都講人的道理，都增長人性的尊嚴和靈性的修養。但是共產黨不但否定神，也否定人，否定人性。如果說共產黨是一種信仰，那麼它就是一個「邪教」，而且是用國家暴力把人民當牛馬驅策的邪教。

「唯物論」常常和「唯心論」相對而論。其實這種認知和建構世界的觀點，本來不應該拿「唯心論」當作「非彼即此」的對比，反之亦然，這只是一個哲學觀點而已。壞就壞在共產黨拿這些哲學觀點，來否定人性和人格尊嚴，遂行其獨裁統治。本來是哲學的一個觀點，變成專制統治的符咒。人一旦喪失個人生命獨特存在的意義，那個人自由也就沒有意義，民主制度也跟著失去基礎。中共整個體制就是建立在否定個人存在價值和人性尊嚴的「違章建築」，中國將來唯一的出路，就是自由與民主。但這對中共體制來說，卻是毒藥。追根究柢，中國共產黨的利益和中國的未來是互相矛盾的。現代中國因為共產黨政權的邪惡架構，讓人民活在共產黨的暴力和謊言統治下，沒有人的尊嚴，也不能享受自由民主。道德淪喪，人性日益邪惡。哪裡還有文天祥？哪裡還有《正氣歌》？哪裡還有孟子的浩然正氣？習近平空喊要以十四億人築成「血肉長城」，驅策中國人民往死裡走。這種不把人民的生命當生命，用沒有「正氣」的血肉去築他心中虛幻的長城，是什麼樣的長城？管用嗎？

如果中國還有知識份子，應該把習近平和他那一夥邪惡的共產黨人推翻。一個和世界共存共榮的自由民主新中國，才能給中國人民一個幸福快樂的明天。

二〇二一年八月九日

從《斯卡羅》到台灣新共和

公視推出以小說《傀儡花》拍成的電影《斯卡羅》，造成轟動。和以「霧社事件」拍成的電視連續劇《風中緋櫻》和電影《賽德克巴萊》一樣，都是以原住民英勇抵抗異族的故事為主題。但是《斯卡羅》是以美國商船羅妹號船難，十四個船員漂到斯卡羅族地盤被殺，引起美國和斯卡羅族戰鬥的故事為主軸，描繪了當時多族群的生活和糾葛的情形。該地區當時根本不在滿清版圖。那時不管是客家人也好，福佬人也好，斯卡羅族也好，誰知道台灣是什麼？誰認為自己是台灣人？他們也不管自己是唐山人或清國人，只想在殘酷的生存環境中活下去而已。

《1895》是以客家人（自稱「原鄉人」）為主抵抗日本軍的電影，《風中緋櫻》、《賽德克巴萊》則以原住民英勇對抗日本人的歷史為主軸。對國民黨外來政權的中國人來說，抵抗日本人、仇恨日本人、殺日本人，都屬政治正確，所以國民黨會樂觀其成。至於《悲情城市》，就拍得很隱晦。一九八九年，台灣人剛解嚴，還活在白色恐怖的陰影下。光一個以「悲情城市」為名的電影，就引起台灣人的「悲情」共鳴。真是可悲的台灣人！之前有一個台裔美國青年，拍美麗島事件的電影。這算是有突破政治禁忌的企圖心，但可惜拍得不夠深刻周延。但是這兩部電影，直接面對台灣在國民黨統治下發生的政治事件，而不再以原住民的英勇抗日為滿足的題材，雖然是一小步，仍然值得讚賞。什麼時候台灣人能像猶太人那樣，以追求人道真理為宗旨，而不是以種族為訴求來拍片，拍出真正的二二八和美麗島事件，或陳智雄烈士的大片？我們深深期待。真相大白，真凶認罪悔過，然後才能談到原諒。沒有真相就黑白不分，黑白不分就沒有是非，沒有是非就沒有公理。犯錯的人不認錯，受難者有什麼資格原諒誰？他還認為殺得有理呢！蔡英文阻撓陪審制，讓台灣繼續黑暗下去，就是她最大的過錯。我們圖的是真理正義，犯錯的認罪悔過，受難者接受道歉，然後寬恕。台灣的道德水準才能提升，大家才能離開黑暗，一起攜手迎向光明！

因為國民黨以少數外來族群統治多數台灣人，所以採取分化台灣人的策略。在政治現實上，相當多的原住民和客家人，到現在還是國民黨的鐵票。這和電影中正氣凜然對抗異族的印象，好像不同？但是因為通婚、同學、共事，族群的界線會慢慢模糊。在台灣生活的人，會變得「同島一命」，不分彼此。這是大勢所趨。可惜的是，台灣人思想繼續渾沌，政客們繼續打混。

因為「中國國民黨」以不平等的體制，壓迫台灣人。同時又宣傳「我們都是中國人」，否定台灣人（包括客家、福佬、原住民），於是有人就以「咱台灣人」對應。

後來中共接手繼續壓迫台灣，讓台灣各族群無形中又形成一個共同的國家意識。不管是叫「中華民國」或「台灣」，大家心中就有這樣一個共同的國家存在。現在雖然還有少數自認為是「中國人」的人，仍然操控「中國國民黨」的統一路線，尤其在選舉期間利用各種議題，和主流民意作對。但是慢慢被選民唾棄，乃是不可挽回的命運。在真相大白和真正的平等之前，我們不得不重提這些舊事，否則新共和的基礎就不紮實。台灣人的心靈和道德的品質，永遠不會提升。

美國憲法以 All Men Are Created Equal 起頭，就是以全民平等為建國根本。日本現代化啟蒙大師福澤諭吉的《勸學》，也以「神不在人之上造人，也不在人下造人」這個平等的觀念來締造現代化日本。看起來很平常，其實很不容易。從一九九六年台灣總統全民直選算起，台灣人得到平等也才二十五年而已。但這仍然不算完全平等，因為黨國體制舊勢力，繼續盤據司法、政治、金融、軍事、教育、媒體等要津。不知道民進黨得到政權後，為什麼最關鍵的司法改革不做？陪審制是改革黨國司法最好的辦法。台灣人還沒有完全自由，就因為「法官獨裁」。法官一句「自由心證」，就可以肆無忌憚亂判，甚至更荒謬的是匪諜被判輕罪甚至無罪。

台灣已經自由化、民主化，將來轉型正義應該大力朝著「平等化」和「司法正義」前進，爭取全民的平等。法官不能以政治意識型態來判案，這才是人人平等的基礎。原住民、新住民、客家人、福佬人、外省人都平等，都不要再有狹隘的族群意識，才不會造成厚此薄彼的分別心，互相忌恨。也別再仇恨日本人、西洋人或中國人，全力創造一個現代化的有愛心的「新台灣人」，才能凝聚一個自由、民主、平等的國家意識。以這樣的價值來凝聚「台灣國家意識」，而不是以血統基因的「台灣民族主義」來對抗「中國民族主義」。我們應該吸收世界現代文化成為自己的文化組成部分；也不應該排斥中國古代優良文化，或因而產生文化的自卑心。日本不但吸收古中國文化，又吸收西洋現代文化，但是都形成更豐富而鮮明的日本文化。我認為日本人在吸收別人的優良文化的同時，又不喪失日本自己的主體性，主要得力於他們有一個細膩的心靈和有強大的文化消化力。台灣急切需要的不是陷在族群泥淖裡故步自封，而是往現代化的廣大世界勇猛邁進。

如果《斯卡羅》所呈現的多民族爭鬥融合過程，能夠帶給大家思考自己是誰？從哪裡來？往哪裡去？那麼對揉合所有族群優點，締造一個台灣新共和，有所幫助，或許是本片最大的功德了。蔡英文總統出身斯卡羅，又有客家、原住民血統，希望她以身作則，在歷史留下一個漂亮的背影！

二〇二一年八月十六日

台灣精神獎的省思

在悲情的黨外時代，有所謂的「民主假期」。那就是在半真半假的民主選舉時，民主鬥士可以在這段時間稍微大膽地，突破一點點白色恐怖的禁忌，喊出平常說不得的心聲，出一口鳥氣。我們常常聽到「勇敢的台灣人」的口號，雖然喊得響亮，但心中不免產生疑問：台灣人勇敢嗎？怎麼樣勇敢法？又常常聽到「偉大的台灣人」。不管喊得多大聲，我又不免懷疑：台灣人偉大嗎？怎麼個偉大法？我們當然知道這是選戰時鼓舞士氣的口號，勇敢不勇敢、偉大不偉大，值得研究，但只有三個字很明確，那就是「台灣人」。大家可能不知道或者忘記了，在白色恐怖年代，「台灣」這兩個字，就是個禁忌，聽在中國人耳中很刺耳。警總、抓耙子一聽到這兩個字，耳朵就會豎起來。敢公開喊「台灣人」或自稱「台灣人」，偉不偉大不知道，但勇敢是絕對稱得上的。

至於平時也常聽到的「台灣文化」、「台灣精神」，同樣引人深思。什麼是「台灣文化」？什麼是「台灣精神」？什麼是「台灣魂」？這些問題，無時無刻不橫梗心中，縈繞不去。九月二十八日，莊萬壽教授捐款給台教會創設的「台灣精神獎」第一屆頒獎典禮，見諸報端，更加引人注目深思。莊萬壽教授不但學問淵博、思想深刻，而且是充滿正義感，熱血澎湃的實踐者。他對中國史和中國文化的研究之精深，著述之多，少有人能夠企及。我讀書很少，但讀過他所寫的《中國論》、《台灣論》和《中國民族主義與文化霸權》副標題《儒教及其典籍之解構》。其中尤以《中國民族主義與文化霸權》一書，對中國這隻恐龍的解剖，有如庖丁解牛，游刃有餘。從這本書可以看到，整個中華帝國史，就是一部少數民族的吞併史、滅族史。台灣在一九四五年美國把拖管權交給風雨飄搖的「中華民國」之後，進入「中國文化」的暴風圈。一九四七年就發生二二八種族大屠殺。一九四九年「中華民國」被「中華人民共和國」所推翻滅國，蔣介石國民黨軍隊敗退台灣，台灣更進入黑天暗地的「中國文化」蛇腹中。國民黨據台史，可以說是一部「中華帝國滅台史」。連「台灣」二字，都成為禁忌，更別談什麼「台灣文化」、「台灣精神」，中國文化就是連「台灣魂」也要消滅的一種霸權文化。今天要提倡「台灣精神」，就非得從「中國霸權文化」的蛇腹中突破求生不可。

莊教授在民報當天有一篇專欄，提到台灣人在中國霸權的威脅下，缺乏心防、敵我不分、國家認同不足、命運共同體凝聚不足，令他非常擔憂。所有這些問題，都可以歸咎於「中國霸權文化」對台灣人的洗腦教育造成的。我們都知道，蔣介石國民黨政權用心惡毒，把師範生當洗腦工具在教育。以前曾聽到一個台師大畢業的朋友說，他們在新生訓練第一天，就全體被加入「中國國民黨」了。免學費便像是簽了賣身契，有幾個台灣人能勇敢拒絕呢？

知道中國教育對台灣人的荼毒，難為了在台師大當教授的莊教授，但是他面對中國文化霸權，從來不會退卻。現在他從微薄的教師薪資中，捐出對他來說是一筆鉅款，創辦史無前例的「台灣精神獎」，意義非凡。他很客氣地點出，台灣今天令人擔憂的病態，台灣教育沒有改革，完全執政的民進黨蔡英文政府，難辭其咎。

看到民進黨花兩億拍一部《斯卡羅》。儘管被宣傳得沸沸揚揚，一片叫好，但是對一個完全由虛構的蝶妹當主角串演出來的「擬歷史」大河劇，看過以後覺得不痛不癢。「一粒喇仔煮一鼎湯」，就是我的觀後感，對台灣人的「台灣精神」、「台灣魂」沒有深刻的刺激和建樹。為什麼放著可以用執政權全力推動的「台灣精神」反洗腦教育不做，卻去花大錢搞這麼一個花俏的「擬歷史」大河劇？民進黨醒一醒吧！台灣人醒一醒吧！學一學莊萬壽教授吧！

二〇二一年九月三十日

現代化與台灣精神

什麼是台灣精神？這個問題困擾我幾十年了。相信關心台灣的人，一定也有一樣的思考。日本有所謂的櫻花生命哲學和武士道精神，成為世界公認的日本文化的的精神和特色，也是使日本人感到驕傲的民族精神淬煉的結晶。

原住民居住在台灣有幾千年歷史，我們幾乎都有原住民血統，很對不起！我們有什麼台灣精神的傳承嗎？荷蘭人、西班牙、鄭氏王朝對我們有什麼台灣精神的建樹？日本有所謂的櫻花生命哲學和武士道精神，成為世界公認的日本文化。統治台灣五十一年，對台灣人的台灣精神有什麼幫助？滿清王朝統治二百一十二年，加深了中國文化和政治的影響，對我們的台灣精神有什麼正面的貢獻嗎？這個問題看似複雜，其實不難得到答案。日本總督後藤新平對台人的一句評語足以說明一切：「台灣人『愛錢』、『驚死』、『涎倣官』（台語）」。這正好和中國人孟子所標舉的精神：「富貴不能淫、貧賤不能移、威武不能屈，此之謂大丈夫」像對聯一般對得天衣無縫！台灣至今還有多少人被後藤新平的評語所說中的呢？受到國民黨白色恐怖加上洗腦教育的台灣人，自認為是中國人的外省人就不必提了，自認為是中國人的台灣人，和自認為是台灣人也是中國人的台灣人，他們有多少人是後藤新平所說的那種台灣人？不管他們有多聰明、也不管他們有多成功、或口才有多好、話說得有多好聽多漂亮，他們的人格的真相，就是後藤新平的那三個「死當」。

民眾黨的柯文哲，是不是這種人？他的野心已經曝露了那三種性格。但是他還在繼續騙，騙一些同類，騙一些涉世不深的年輕人。

放著「立倫」不幹，當選國民黨主席後，變本加厲附合中共，幹起背離台灣民意和國家利益的「逆倫」勾當。他對中共的獨裁暴政和不斷軍機威脅台灣，是瞎了狗眼嗎？他有台灣精神嗎？投票給他的，有台灣精神嗎？

民進黨這個本土革命政黨，有多少政客「愛錢」、「驚死」、「涎做官」？他們能捫心自問，自反而不縮嗎？完全執政之後，黨綱標舉司法改革最有效的「陪審制」不做、反洗腦的教育改革不做、國家機構正名不做、連東奧正名公投也加以阻擋。如果不是川普對中採取強硬糾錯政策，還有延續下來「天下圍中」的國際情勢，我們實在不敢想像蔡英文和民進黨的「影武者」們，會做出什麼對中共屈服投降的決策？

資深媒體人兼學者盧世祥先生寫了一本《多桑的世代》，描寫了一些「日本時代」受日本精神教育影響的台灣人情事。把日本時代的台灣人，稱為「多桑的世代」是一個很傳神的形容。這大概或多或少描寫了當時台灣人受到日本教育後的台灣精神，或許是融合了晚清台灣舊社會和日本精神的移植和傳承，可以算是有日本特色的台灣精神吧？但是在一九四五年後國民黨據台的七十幾年裡，連這樣的台灣精神可以說死的死、逃的逃。到後來就成了我們今天看到的這些腐敗的台灣人的德性。

追根究柢，台灣人四百年來多數受到外來政權的殖民統治，自己做主人的時間太短。沒有自己光榮的歷史、沒有自己的尊嚴、也沒有自己的國家認同，主體沒能建立，怎能奢談什麼台灣精神？

就算從一九九六年起，形式上是人民作主的民主時代，因為內部國族認同分歧，加上中國人（國內外的中國人）的政治勒索和干擾，面對中國霸權文化，台灣人一直不能凝聚有尊嚴的「台灣意識」，台灣人自然無法全心全力對「台灣精神」有所建樹。民進黨現在全面執政，其執政方針和表現令人失望就如上述，其實也應該可以歸咎這些政客和選民「台灣精神」的缺乏和薄弱。

過去太短的歷史不談，台灣精神應該從新做起，往前看。在現代文化的基礎上建立自己的台灣精神，反而比較快而正確。台灣人和民進黨政客應該深刻自我反省，努力從自己的內心去除後藤新平所評論的台灣之恥，才有可能為台灣精神說實話、幹實事，建立偉大的典範。從反洗腦的教育改革做起，推動台灣的現代化，揚棄中國落伍的舊文化。在世界先進文化日新月異突飛猛進的時候，如果還泡在中國文化醬缸裡，那就是自己找死。中國文化的弊端，是個死結，沒有藥救。如果能行，中國就不是現在這個樣子。

中國文化，講倫理、輕真理，人際關係和人性變得虛偽不實不說，整個民族也沒有真裡的思辯和進步的可能。在日新月異的西醫對比之下，中醫就顯得非常落伍、不科學。西洋美術、音樂、文學、哲學，豐富多元，創造力十足。中國在這些人文領域，抱殘守缺，顯得非常貧瘠，完全是一副垂死的古文明奄奄一息的樣子，我們才不要跟隨這種垂死的文明被歷史埋葬。另一個很麻煩的領域是宗教和信仰。因為台灣民間宗教和祖宗崇拜，根深蒂固，使得台灣人在宗教精神方面變得非常功利和膚淺，而最糟糕的是沒頭沒腦的迷信。拜拜、燒紙錢和多神信仰的奇風異俗，深入台灣社會民心，而且還被誤當文化來加以提倡。政府領導人，被選票綁架，還不得不去黑道主持的宮廟抬神轎。我小時候跟著虔誠的阿嬤拜拜，那時還給我很多道德教訓，影響我很大。但是除此之外，我要非常努力和勇敢，才能從心中拋棄迷信的影響。我不知道台灣精神的建樹，如何才能吸納傳統宗教信仰好的那一面。日本人的神道信仰，並沒有阻礙日本精神的建立，我想或許台灣人也行吧？

二〇二一年十月八日

機會之窗

經過七十幾年的奮鬥，台灣人雖然掙脫了國民黨獨裁統治的枷鎖，實現了人民可以直選總統的民主體制，但台灣作為次殖民地的命運，並沒有因為這樣而改變。一個借屍還魂的「中華民國」還是死死纏住台灣人，陰魂不散。國民黨雖然失去中央執政權，然而百足之蟲死而不僵，仍然四處搧風點火，完全不顧國家的安危和民生利益，並且附合中共土匪政權對台灣人宣戰。台灣人好像被欺負慣了，不知道要如何處理這些形同叛國的國民黨人，只能放任他們胡作非為。更嚴重的是因為這個不清不楚的「中華民國」體制，從事間諜活動被捕的匪諜，也被輕判，甚至被判無罪。

另一方面，即使毫無國際法根據，仍然蠻橫霸道地宣稱台灣是中國的領土，文攻武嚇之外，還死皮賴臉地在中華民國一一〇年雙十國慶當天，習近平居然發表講話，搶奪中華民國的法統，以利用寄生在台灣的中華民國殭屍政權名號，做為國共兩黨陰陽合體的幽靈，繼續糾纏台灣人。「中華民國」的剩餘價值，台灣人到底應該怎麼評估？執政的民進黨應該好好思考。

「中華民國」國號、國旗、國歌在漫長的歲月裡，成為代表風雨飄搖的台灣國的象徵，卻也大大地混淆了台灣人的國家認同。本來應該加以推翻的「中華民國」，現在因民進黨全面執政，於是走現實主義路線，不但不想推翻，反而要因勢利導，跟中國國民黨搶這個「中華民國」法統。這樣做在台灣內部或許可以吸納自認為是「中華民國人」的選票，團結認為「中華民國」就是「台灣」的人，或一些所謂的「華獨」的人，這就是蔡英文口中所說的最大公約數。總而言之，這就是不計較國號、國旗、國歌，現實上獨立的「兩國論」。只要能夠獨立，不被中共統一，而且能夠被國際承認，本來很討厭「中華民國」的獨派，或許也還可以退一步，接受這樣的結果吧？況且依照民主國家的制度，國號、國旗、國歌都可以由人民投票決定，根本不成問題。可是現在麻煩了，連中共都要來利用「中華民國」的剩餘價值，藉以連結台灣，並試圖強化「台灣是中國不可分割的一部分」這樣的主張。怎麼辦？台灣人如何撇清這樣的連結？執政的蔡英文和民進黨有什麼對策？

自從中共連續以軍機侵犯台灣航空識別區以來，明目張膽挑釁台海和國際和平。其實項莊舞劍，意在沛公。中共其實也不敢真正入侵台灣領空，不敢真正發動攻擊。這種虛張聲勢的恫嚇，台灣人並不害怕。台灣的幾千顆飛彈，早就瞄準這幾十架形同送死的匪機，台灣軍人只是等待一個按下按鈕的命令而已。共匪自己也心知肚明，萬一被打下幾架幾十架，那就太難看了。眼看他樹越爬越高，越來越著急，快要下不了台了，才終於因為逼出真主兒美國要跟他談判，有了台階下，趕快和美國來個「台灣協議」，軍機繞台也就草草收場。如果美國不理他，他能橫行到什麼地步？拜登是個懦弱無能的總統，早就被中共看不起。要不是美國民主體制和國家強大，中國才不跟你美國談什麼協議。能搞到這一步，已經很幸運了，中國也趕快見好就收。這樣的無妄之災，也是「中華民國」惹來的禍。

台灣人應該了解，台灣是二戰後美國的託管地，美國才是真正有國際法依據的託管人。美國軍機要來台灣，就來台灣，不必台灣政府同意。美國軍人，要來台灣就來台灣，要住多久就住多久，不需台灣同意，當然更不需中國多嘴叫囂。這道理何在？大家想一想就可以明白。因為光這一點就否定了「中華民國」擁有台灣主權的神話，也打破中共「台灣是中國不可分割的一部分」的謊言。所以老實說，台灣是美國的託管地。講起來很難聽，聽起來很難過。是不是？為什麼台灣的命運，要操諸中國和美國之手，達成什麼「台灣協議」。這還不夠明白嗎？這個所謂的協議，台灣有沒有參與，有沒有事先和台灣政府商議？看起來是沒有。

然而，台灣人沒有自暴自棄的權力。台灣人要明白自己的身世和命運，面對現實，堅忍不拔，改變這樣的命運，就像我們過去對抗國民黨一樣。「中華民國」憲法、國旗、國號、國徽、國歌、國父、身分證、護照，連什麼「國父遺囑」等等，全部都是強加在台灣人身上的枷鎖。但危機就是轉機，「中華民國」、「中華人民共和國」乃至美國對台灣人的挾持，已經圖窮匕現，逼台灣人不得不認清殘酷的現實。能夠認清現實，才能打開一扇機會之窗。對「中華民國」應該怎麼處置？台灣人可得好好想一想。

國際關係不能只靠美國，不能養成依賴的慣性。這樣不但限縮台灣走向世界的機會，而且也會成為中美兩國的棋子，有時還會陷入他們的矛盾衝突中。現在很多國家認識到台灣的價值和重要性，開始採取對台友善支持的做法。台灣要抓住機會走出「中美」關係的唯一格局和框架。在這之前，台灣應該建立台灣精神文化，拉大和「中國文化」的差異。一部「斯卡羅」的花費，可以辦兩百個「台灣精神獎」，民進黨政府是不是該算一下帳。

至於做為「負責任」的台灣人，自己應該加強現代化的思想，成為一個現代化有尊嚴的台灣人。這就是「脫亞入歐」，去除中國落伍文化的根本之計。什麼黨都不可靠，要靠自己。每天學習現代思想和知識，鍛練提昇自己的精神和體魄。不但你的那一票有最高的權質，連你自己都能因為接受挑戰而變得強大。機會之窗已經半開，你只需輕輕一推就可以看見整個世界。

二〇二一年十月十三日

為誰而戰？為何而戰？

二〇一六年十月和朋友到日本自由行，買到七月出版的新書「三島由紀夫一百語錄」。三島由紀夫被認為是日本繼川端康成之後最可能的諾貝爾文學獎得主，卻在一九七〇年，也就是戰後二十五年，日本已經從廢墟中崛起成為世界第一的時代，以壯烈的方式切腹殉國，震撼日本。享受著經濟復興的生活，人民普遍厭戰，甚至對日本武士道精神產生懷疑的社會氛圍，很多日本人甚至還對三島由紀夫的切腹冷嘲熱諷。現在出版社編輯了三島由紀夫的一百語錄，並以當代眼光加以介紹。雖然對國際政治並無著墨，但是讓世人更深地認識三島由紀夫，乃是一件非常有時代意義的出版，甚且還可了解三島由紀夫深層意識進而了解他的行為和哲學。離三島由紀夫切腹已經四十六年的二〇一六年，日本面對中國強勢崛起的威脅，又是一個令人擔憂的世局的開始。過去日本左傾恐中的氛圍，似乎漸漸有所改變。安倍晉三首相的政策能夠得到日本人民的支持，就標示著日本民意的改變。或許當年不能理解、甚至不能認同的三島由紀夫的憂國切腹，終於稍稍可以得到省思和了解吧。台灣人也面對著來自中國的威脅，甚至更加凶險。我們如何自處，並不是只有有形的軍武的問題，而是生命哲學和戰鬥意志的問題。台灣人真的會在兩個禮拜內就被中國征服嗎？這是我要嚴肅問台灣人的問題。

三島由紀夫曾當過日本自衛隊，駕駛過F104戰鬥機，他得到的生命體驗是，世界有兩樣東西不能直視，一個是太陽，一個是死亡。而最後他卻有點戲劇化地以別人不太能了解的方式，悲壯而荒誕地向死亡挑戰，切腹自殺而死。這其中有沒有因為凡人不敢直視死亡，而他卻想超越這種怯懦而以這樣壯烈的方式，逼迫自己向死亡挑戰的心理呢？隨著大自然設定的規律，年輕時很少感覺到的死亡威脅，到了某個年齡或階段，本來模糊而神祕的死神的面貌，變得越來越清晰、越來越猙獰。這才漸漸體會到死亡不能直視的況味。有一個武士的諺語說，勇士只死一次，而懦夫卻在真正死亡前就死了千百次。聖嚴法師曾不無慈悲地說，他發現有很多人一直在找「死」。因為害怕這樣或那樣的死，而把自己搞得疑神疑鬼，身體稍有不適，就懷疑自己是不是得了這種或那種癌症，惶惶不可終日。愛惜生命理所當然，但是因為太過害怕死亡而過度憂慮多疑，讓自己時時刻刻在恐怖中度日，那就太不值得了。然而，誰敢對那神祕而不可捉摸的死神不敬呢？

而我們這個從小就纖細而敏感的能劇詩人，這個把自己孱弱的肉體鍛鍊成鋼的文人；這個試圖掌握不可知的命運，試圖直視死神的武士道信仰者，以令我們不寒而慄的暴烈，以那種古典的方式，直面死亡。在真正了解他複雜的思惟之前，我們有什麼資格敢加以妄斷。或許有人視他為軍國主義的狂人，但是就如三島由紀夫的名言：「對最表面性的事物，只要把它想成是最深層的就好。」於是，他的切腹對我來說，似乎顯示了死神千古的神祕，和人類與之對抗的一種獨特的莊嚴宣告。

而我們台灣人呢？在中國古老的教訓：「柔弱生之徒，老氏戒剛強。」和日本武士道：「生命當如櫻花，在最美的時候飄落。」不同的生命哲學中，我們台灣人的哲學是什麼？死亡的哲學即是生命的哲學。我們如何直視死亡，絕對不是表面性的事物。這不但是哲學課題，而且是生命實踐的課題。

附註：本文曾在《文學台灣》二〇一八春季號以〈不可直視〉為名刊登。現在經作者修訂，重新借《民報》專文一角，分享讀者。日本敗戰後，淪為「不正常國家」。做為日本殖民地的台灣，被麥克阿瑟指派蔣介石將軍託管，實際上和日本一樣淪為「不正常國家」，卻被蔣介石流亡政權宣傳成「光復」，以戰勝國來欺騙麻痺台灣人。直到今天，還有很多台灣人不知道自己真實的命運。日本繼續當一個「不正常的國家」，已經無法保護自己的國家。面對中共霸權威脅，美國需要日本扮演強而有力的戰友，一起對抗中國。日本對此新的挑戰，將不得不重新恢復日本「武士道」精神。台灣以黃埔軍官學校的傳統來訓練陸軍官校基層軍官，據說至今仍然以「中國」的意識形態在做思想教育。以這樣訓練出來的軍官來帶部隊和「中國」打仗，不是很糊塗的嗎？台灣國防部有必要重新擬定一套現代化軍人武德和以現代化「台灣」為國家的思想為基礎的軍事教育，來取代虛假的「黃埔」軍魂。蔣校長手下有多少叛將，大家只要冷靜想一想不就心知肚明了嗎？戰爭是從思想戰開始的。

二〇二一年十一月一日

蔡英文總統的第五個堅持

行政院促轉會在九月八日公佈中正紀念堂轉型方案，擬定把「中正紀念堂」改成「反省威權歷史公園」，其中尤以移除蔣介石銅像最深得民心。據說明年上半年才會提出方案細節，提交行政院處置及推動。這是遲來的正義，寄望素以魄力著稱的蘇貞昌行政院長，儘速去除這個盤旋在台灣上空的幽靈，讓台灣族群融合得到健康的發展，並凝聚團結對外的國家意識。

另外一件也是促轉會的德政促成的遲來的正義，值得國人為促轉會鼓掌按讚。屬於民進黨新潮流的立委黃國書，因促轉會促成威權時代警總祕密檔案資料公佈，經被監控者的質問，承認他是國民黨的線民，且長期潛伏民進黨。昨天宣布退出民進黨和新潮流，且不再參選連任。當一個堂堂正正的台灣人不容易，人性也有許多弱點。知恥近乎勇，我們希望他未來的人生會走在光明坦蕩的大道上。

台灣詩人錦連在生前曾對我們公開一段他被國民黨「人二」要求當「報馬仔」的親身經歷。他因為在日治時代學得電報收發技術，在彰化鐵路局當報務員。後來國民黨「人二」單位要他當「報馬仔」，他不敢拒絕，只得虛與委蛇答應，但他從未舉報任何人。後來人二看他不積極，沒有利用價值，也就不了了之，他也得以退出那個令他覺得骯髒的任務指派。這樣光明磊落的詩人，讓我們後輩對他更加尊敬。

另外有一個台大畢業的朋友，在白色恐怖時代，申請到美國名校的入學資格。當時國民黨在美國許多大學都有職業學生（因為他們都領國民黨的錢）的佈建。留學生出國前會召集留學生講習。據這個朋友透露，他還被一個情報首長召見，要他到美國時當「報馬仔」，說會有四百美金的報酬，並告訴他到學校時，向某某同學報到。他當時不敢拒絕，但他不願意當國民黨的「報馬仔」，於是放棄到名校就讀的機會，改到一個偏遠一點的學校就讀，以為這樣可以逃掉國民黨的魔爪控制。沒想到他到該校以後，碰到一個大學同學。該同學很是驚訝，對他說：「咦，我的名單裡怎麼沒有你？」意思是，國民黨情報機構沒有把他列入這所學校的名單（因為國民黨以為他會去那個名校就讀）。這個職業學生當然把這個發現向國民黨情報機構報告了，這位高材生就受到更嚴密的監控，導致後來成為黑名單的受害者。

過去促轉會對於促轉可能投鼠忌器，一時不敢採取激進的手段。現在雖然全面執政，但是看起來還是有點太過膽小。公佈這個「中正紀念堂轉型方案」，還說要聽取各方意見，擬定方案細節，到明年上半年再送請行政院處置推動。國民黨江啟臣、朱立倫現在一聽到消息，就已經跳出來狂吠反對。我們很擔心，這個「中正紀念堂轉型正義方案」到時會不會胎死腹中。

十月十日蔡英文在國慶日，對國家主權獨立宣言四個堅持，是她就任總統五年來對國家主權和台灣民主自由最堅定的聲明，值得全民支持擁護。如果在轉型正義、司法改革和反洗腦教育上再加把勁，當作第五個堅持，面對國民惡黨不可退縮，那麼她會在歷史留下最漂亮的身影，而台灣可以步上正常國家的康莊大道。

二〇二一年十月十八日

中國腦筋為什麼轉不動？

人類之所以成為地球的主宰，不是因為四肢發達，或牙尖爪利，而是因為他們的頭腦會不斷進化，不斷轉彎。如果說，人類和野獸的競爭，是頭腦的競爭，一點也不為過。那麼進一步說，人和人，國家和國家的競爭，也可以說是腦袋的競爭。競爭並不一定非得我贏你輸，或我輸你贏，我們不以別人為敵。我們和天爭、和天道爭、和人道爭、和自己爭，爭自身的進化、爭國家的進化，這樣的心胸和眼界是不是要開闊得多。

十九世紀中葉，中日兩國幾乎同時面對西方文明的挑戰。這兩個國家對西方國家所採取的態度和國策，就完全不同。而這兩國的興衰命運，也因而不可同日而語。一千年前向唐國學習而奠定儒家傳統文化的日本，面對西方，很快就認知自己的落伍。不只是船堅砲利技不如人，連政府管理甚至思想、文化都不如西方人。於是打開國門，並派遣大批官員學者到歐洲考察。而民間有識之士和學者，更是努力介紹西方文明。日本人自始至終，都沒有大國天朝，或日本人最聰明的傲慢心態。他們轉彎轉得快，很快就追上西方國家的水準。軍事科技自不待言，政府管理、司法制度、媒體傳播、商業準則、郵政交通、都市建設、衛生保健、學校教育、思想文化乃至居住飲食衣著，都全面學習。所以西方人到日本一看，發現日本是一個在東方的歐洲國家。日本並沒有喪失尊嚴，也沒有貶低自己的傳統。他們不但得到尊敬，而且自己的傳統也在西方文明的砥礪之下，變得更加鮮明而純粹。他們也因而對自己傳統的精神內涵，有更深刻的認知，更加懂得珍惜。

反觀滿清的中國，他們也派出一些小留學生，去學人家的船堅砲利。他們自以為中國人最聰明，什麼都不輸給西方，只輸在軍武科技。小留學生長大了，也畢業了，最大最好的軍艦也買回來了。結果甲午戰爭，硬是敗給船艦比較小的日本。什麼中學為體、西學為用。說穿了就是一個傲慢自大的中國沙文主義心理在作祟，他們敗得口不服、心更不服。這三十幾年來，因為鄧小平的腦筋轉了一個彎，開放改革，硬是讓共產中國接受西方資本主義市場經濟。中國也因為台商西進而得到絕佳的發展機會，賺到盆滿缽滿。習近平一反韜光養晦的政策，毫不避諱地大肆擴張，不但挑戰美國，也威脅到歐洲和鄰近國家。如果你要說這是習近平腦筋會轉彎，那也沒錯，但是他轉錯彎了。他的心態和甲午戰爭時清廷的心態一樣，他以為中國現在有錢了，武力也強大了。不只是習近平，恐怕還有很多中國人的心態也一樣。他們恐怕到現在，對一百多年前自己輸在什麼地方都還沒看清楚呢。他應該轉的彎有四：中國沙文主義的傲慢心態、一黨獨裁專制體制、已經證明失敗的共產主義和大一統的意識型態。

蘇聯的瓦解讓中共看得膽顫心驚，他們認為這是美國讓蘇聯和平演變的結果，但我不認為是這樣。蘇聯的瓦解，是自由民主和民族獨立的潮流所趨。如果那些國家不想離開蘇聯，不想自由民主化，美國有什麼能耐去「演變」這些國家？如果照鄧小平的路線發展下去，中國就一定會像蘇聯一樣瓦解嗎？或許不會。如果中國實行徹底的政治制度和經濟制度改革，而不是花費鉅額國防預算，去挑戰美日歐澳印，弄出個天下圍中。平等人道對待少數民族，和自己的百姓，就不需花費比國防預算還多的維穩經費，以鞏固共產黨的獨裁大一統統治。它的經濟可能會變成世界第一富，國力也會成為世界第一強。新疆西藏蒙古等少數民族可能會更加仰賴中國，並因為享受自由民主平等而自願參加以漢族為主導的聯邦或邦聯體制。大一統的意識形態對國家不一定有利，中國腦袋應該轉彎的是這些地方。政府成立的目的，不是為了共產黨或少數統治階級的利益，而是為人民謀福利。共產黨不是一直對人民宣傳這樣一個口號嗎？美國和中共交往，看到中國往自由民主和市場經濟走，其實應該是替中國高興而充滿祝福的。這不能看成是美國的勝利，或中國的失敗，這應該是中國轉變成一個成功的現代化國家的契機。可惜六四天安門事件，證明中共要轉變成民主國家，有根本上的困難。就算是鄧小平也沒有辦法做民主化的政治改革。那麼這是中國人的共業嗎？或像有人說的，中國是被詛咒的民族？一個人腦筋不轉彎也就罷了，一個民族腦筋不轉彎，那就太可悲了。個別的中國人都很聰明，腦筋動得很快，但是為什麼整個國家的腦筋就轉不動了呢？有沒有哪一個聰明的中國人可以給個答案。

二〇二一年十一月十九日

這一代中國人的歷史任務

一九一五年中國開始一場啟蒙運動，史稱「新文化運動」。運動的主軸就是俗稱的「德先生」和「賽先生」，意即「民主」和「科學」，而這就是當時中國有識之士所認知的現代化。這個運動不但直接影響一九一九年的「五四運動」，也廣泛而深遠地影響當時中國人的思潮和政治。很可惜的是，時間過了一百年的今天，這個「新文化運動」所追求的現代化，以現代化國家的標準來看，並不成功。

首先拿「科學」來說，並不是說能夠製造飛機、船艦、核子彈、衛星、太空船等，就可以算完成了「科學」的追求。科學追求的是「科學精神」，是一種追求真理和創新的精神，而不是抄襲偷來的製造技術和能力。今天中共偷不到也學不來的芯片製造技術和能力，就顯現了中共「科學」的盲點。若談到更困難的研發創新能力，中共更完全沒有辦法和美國相比。我們可以大膽推論，一個不尊重真理、沒有言論自由、思想自由，而且不尊重私有財產的中共體制，中國人民的研發創新能力，是在無形中就被扼殺而胎死腹中的。

再拿「民主」來說，更是可惜。今天的中共，為了獨裁者或一黨之私，不但不追求民主，甚至還視民主為洪水猛獸。共產唯物主義，否定人有靈魂，不尊重個人，結果當然就不會尊重個人的意志和人性尊嚴。而以無產階級專政為詭辯，行共產黨貴族統治之實，更違反民主「平等」的基本原則。民主的制度固然和中國人民無緣，民主精神更是蕩然無存。喪失民主精神，中國人民當然不知道民主的價值為何，也不會思考民主制度如何建立，如何運作。枉費一百年前「新文化運動」先賢澎湃的愛國熱血，民主國家人民所享受的民主生活，中國人民好像只能羨慕，不敢想像。

中國人民能不能再等一百年？人生有幾人能活一百年？中共今天還馬不知臉長，厚著臉皮推銷共產專制制度的優越，根本不把人民的幸福當一回事，也不認真思考國家未來的發展願景。中國人難道真的是沒有靈魂、沒有個性、不需要自由民主的民族嗎？中國人是不會思考的民族嗎？那一百年前的「新文化運動」，是怎麼一回事？為的又是什麼？

今天的中國人民，面對一百年前「新文化運動」的先賢，難道不會感到愧疚？或者他們已經完全遺忘那段歷史？而就算不在乎個人的自由幸福，難道就不會思考國家現代化的願景？而對這樣的一代人，歷史將如何加以評價？

中國人民是不是能重拾一百年前的「新文化運動」，要求共產黨還政與民，讓人民享受自由民主的生活，也讓國家正常走上現代化的康莊大道。這才是洗刷百年國恥，讓中國崛起的正確途徑。這個偉大的歷史任務，就等這一代中國人來加以完成！

二〇二一年十一月三十日

賊星該敗

雖然武漢肺炎不斷變種肆虐全球，中共窮兵黷武不斷侵擾台灣、威脅日美和鄰近國家；雖然國民黨像失控而即將解體的火車一般，在台灣不斷挑起損人不利己的政治鬥爭，台灣的二〇二二開年，仍然在陽光普照下，開啟新的一頁。在這樣的動亂中，我們似乎看到一線曙光。這樣的曙光，像奇蹟般穿破黑暗，使我們對台灣國家正常化，以及天理正義的彰顯，點燃無限的希望。

不知道是因為中邪或愚蠢，中共的倒行逆施，猶如自掘墳墓一般，引起世界強國的圍堵。過去一直像國際孤兒一般的台灣，現在奇蹟般為世界所認知和支持。這更讓視台灣為禁臠的中國氣急敗壞，但這都是中共自作自受，咎由自取的結果。正應了一句台灣諺語：「賊星該敗。」

國民黨在二〇二〇年既輸了總統選舉，又輸了立法院多數席次。雖然民進黨稍嫌懦弱，對轉型正義和司法改革，不敢大舉改革，但是國民黨既失去執政權，不能再用執政地盤來圈住國民黨人，又沒有黨產可以奧援黨員，最糟糕的是民進黨似乎連

「中華民國」這塊神主牌，也給搶走了。國民黨最大的靠山「中國」，現在變成過街老鼠，人人喊打。而且內政紊亂、經濟衰頹，一副大廈將傾的末日景象。自顧尚且不暇，如何扶得起國民黨這個阿斗。

現在國民黨還存在的勢力，一個是黨國意識型態和不當得利的高級餘孽；另一個是利益盤根錯節的地方樁腳和勢力。簡單講，這第一個勢力，因為大勢所趨，往後只會越來越萎縮。朱立倫當上黨主席以後，大力推動的公投大敗，是給這個心中只想搗亂台灣的國民黨高層一個當頭棒喝。第二個勢力，因為地方選舉以前國民黨就善於利用人性的弱點，操控選舉，無往不利。

但是奇蹟出現了。二〇二〇年的立委選舉，黑白兩道、內神外鬼最有勢力的顏家，利用宮廟乃至神明，操控信徒鐵票，卻以幾千票之差，意外輸給一個年輕人陳柏惟。在心有不甘復仇心切的怒火中，發起罷免得逞。更大的奇蹟是，罷免後必須補選，當然「事主」顏家就必須自己來打這一仗。以前全國的立委選舉加上總統選舉，大家注意力分散，就沒有專注檢驗顏家的機會，以致顏家就得以混水摸魚。這一次真的是「賊星該敗」，全台灣的燈光都投射到這個補選上，顏家的種種劣行，才一一暴露在人民的眼前，無所遁形。

雖說奇蹟已經露出一線曙光，但是我們要看到一月九日補選的結果，才能知道台灣選民是在乎公理和正義，還是仍然愚昧地選擇黑暗的地方勢力？台灣是要走向有天理的光明國度，還是要繼續生活在和國民黨共構的邪惡勢力下？

如果奇蹟真的出現，那只是合乎天理和人道而已。台灣人在國民黨長期暗黑統治下，只能期待奇蹟嗎？不！我們不期待奇蹟，「賊星該敗」，這只是剛好而已！

二〇二二年一月四日

習皇帝的末日中國人的希望

獨裁專制的中國，跟美日歐印澳加等世界大國對槓，一點都沒在客氣。當皇帝的更是殘暴不仁，對法輪功、異議人士愛殺就殺，愛關就關，甚至泯滅人性強摘器官；對新疆、西藏、香港為所欲為，不把人當人，也毫不顧忌國際輿論的批評。對台灣則是張牙舞爪，文攻武嚇，軍機每天侵擾台灣空域，一天到晚喊打喊殺，一副攘袖抽刀的流氓嘴臉。但是在自由世界的我們，天天看到中國經濟崩潰和內部分裂的各種報導。看起來那個壓力鍋，已經到了爆炸的臨界點。習皇帝就像抱著火藥桶到處點火，他怎麼還能那樣囂張跋扈？因為提出自由民主改革的意見被開除黨籍的中央黨校前教授蔡霞，就說中國現在的情況，只要一點意外的小狀況就會引爆。她知道，難道習皇帝會不知道？

有人說，習皇帝為國內外對他不利的情勢所逼，可能會鋌而走險對台發動戰爭，以轉移人們的不滿，並為壓力鍋洩壓。這個假設似乎也有幾分邏輯，但不打沒有把握的仗，才是軍事謀略最高原則。就算習皇帝想要如此蠻幹，中共的政治、軍事高層難道不能知己知彼？或有什麼明知不可為而為之的理由，一定得冒這個險？果真如此，那也可能就是中共倒台的時候了。

如果要對台發動戰爭，主要的對手除了台灣之外，當然就是美國和日本。而美國和日本都很明確表示一定會介入，幫助台灣抵抗侵略。美國現在的總統拜登是一個比較無能而且不得民心的總統，而且民心現在已經從比較支持民主黨轉而比較支持共和黨。兩年前被作票而下台的雄主川普，現在聲勢遠超過拜登。如果二〇二四年川普再次當選總統，那麼中國敢冒進攻打台灣的可能性就會大大減少。所以如果習皇帝要是想冒進的話，從二〇二二年到二〇二四年會是唯一可能的危險期。因為過了二〇二四，中國經濟更加衰頹，內部勢力更加分裂，人民更加不滿可以預見。而美國則在川普的領導下，會日益強大，應對中共會更加強硬果敢。美國和日本，都知道台灣對他們的重要性。民主共和兩黨，對有利台灣的法案，幾乎都一致同意通過。主要是因為他們知道大野狼是中共，而台灣則是美國、日本的前線。

最近台灣不但經濟表現不俗，國防也步步為營，加強軍備，外交方面更是得道多助。越來越多國家知道台灣的重要性，支持台灣的國家越來越多。台灣國內的亂源國民黨，從四大公投案的失敗到中二選區地方勢力的潰敗，還有台北萬華區罷免林昶佐立委的失敗，已經敗象畢露。加上國民黨因為傾中勢力不得民心，出來作亂叫囂的大多數是沒有台灣心的「中國人」，國民黨只有走向日漸被台灣選民唾棄的宿命。國民黨越來越不得民心，越來越萎縮甚至變成無足輕重的小黨，台灣內部就越團結安定，中共就更加沒有分化台灣內部的機會。美國人民應該選川普當總統，這樣就可以降低中共鋌而走險的可能。

至於中國人民最好趕快把共產黨趕下台，讓中國走向自由民主的康莊大道。而習皇帝因為胡作非為，鬥爭太多人了，已經沒辦法回頭，只有一條死路可走。大家就等著瞧。

二〇二二年一月十九日

民眾黨命懸一線

太陽花運動，是馬英九過度傾中，強推服貿，惹起年輕人對生計的危機感而奮起的運動。那場運動期間，我看到一個奇怪的現象，那就是憤怒的群眾把試圖登台演講的民進黨政客噓下台。他們認為民進黨無能，沒有辦法阻止國民黨，所以心中有氣。現場有人把縫在一塊的民進黨和國民黨兩面大旗，一起降下。這是一場群情激憤的群眾運動，對只顧為自己權位鬥爭的兩黨政客的不滿，顯露無遺。這股沛然莫之能禦，非關藍綠的趨勢，讓柯文哲嗅到風向，乘勢而起，並在民進黨暗助之下，當選台北市長。

沒有中心思想的柯文哲，在競選之初，謊稱自己是墨綠，把民進黨的綠色選票騙到手，又因勢利導以「白色力量」來囊括中間選民的票。他當市長一開始大動作訓斥警察局長縱容「愛國同心會」在一〇一廣場揮舞五星旗叫囂，攻擊民眾；又把長期搭在立法院圍牆外的綠營帳篷給拆了。這是在他聰明的腦袋中算計過的，把民進黨和國民黨一起降旗的那一幕，一定讓他得到很大的啟示。他裝瘋賣傻的「後現代」表演術，迷住了一些喜歡作怪的年輕人。而這些成功的聲量操作，進一步讓他的野心膨脹起來，讓他覺得有呼風喚雨的能耐和信心。他以為成立「民眾黨」可以繼續操縱「白色力量」，當作他政治野心的資本。他的黨取名為「民眾黨」，其實骨子裡是他個人野心和藝人風靡一時的「一人黨」。雖然是馬英九利用蔣渭水騙台灣人的老套，他更進一步乾脆連「台灣民眾黨」的黨名也盜用過來。他有高人一等的智商，也有高人一等的自信。他不但自信可以像操弄觀眾一樣操縱選民，還自信可以把民進黨和國民黨玩弄於手掌心。可是今年他必須讓出台北市長的寶座。其實「民眾黨」有現在的聲勢，全繫於這個首都市府的地盤和龐大資源。喪失市府地盤的「民眾黨」，可能人去政息，「去了了」，和別的小黨一樣奄奄一息是可以預見的。別的小黨至少也還有清楚的方向和顏色可資識別，但「民眾黨」的方向是什麼？這是一個柯文哲瞎掰出來的黨。然而，太陽花運動的激情能維持多久？反服貿的主題，早就沒了。而且反服貿骨子裡反的是「傾中」和「賣台」，現在柯文哲花市府的預算，祕密宴請中國「貴客」被揭露。「掰王」柯文哲回答記者說：「我也請美國人啊。」拜託！是美國人花錢請你，不是你請美國人。你還真是大小眼！況且，中國天天軍機繞台。美國有嗎？美國還是保護台灣的人呢。你還真是忘恩負義的人。對暗助你當選市長的蔡英文總統，你在北門會是如何對蔡英文總統愛理不理臭臉相向的。看來你就是這種人！

「民眾黨」外強中乾，柯文哲自己心知肚明，這次市長選戰黨內找不出一個可以在台北市長選舉一戰的人選，「民眾黨」的脆弱可見。像上次蔡英文那樣暗助柯文哲的機遇不再，如今他再也沒有辦法得到綠色鐵票，現在推出的又是一個親民黨籍的黃珊珊，黃珊珊還曾經是「新黨」的黨員。當記者問柯文哲，黃珊珊以什麼黨籍參選？掰功一流的柯文哲說，他自己當初就是用無黨籍參選的。但是黃珊珊不是無黨籍啊。「新黨」、「親民黨」加上「民眾黨」是什麼顏色？這次台北市長的選舉，有點像總統選舉那種藍綠對決，誰也輸不起的氣氛。在藍綠對決選情緊繃的情況下，非藍非綠最大化只是一種想像，「民眾黨」和「國民黨」的票源高度重疊。「白色力量」如今只是柯文哲一個人的「白賊力量」，「新黨」和「親民黨」加起來能有多少票？所以黃珊珊只有把蔣萬安的票全部搶過來才有勝選的可能，但是這看起來是一個「不可能的任務」。雖然國民黨迷失方向萎靡不振，但是背水一戰的態勢，逼使藍色選民棄黃保蔣的可能性反倒要大一些。看起來這是「民眾黨」生死存亡的一戰，輸了這一戰，「民眾黨」就會泡沫化，柯文哲就更別妄想要當總統了。他就會像他自己所講的，「頂多回台大去當醫生」，台大醫生是多麼光榮多麼神聖的職位。然而於他，卻如雞肋！他志不在救人，哪還能奢談救世。真有你的！柯文哲。你有沒有替「民眾黨」那些年輕從政者的未來也想一想？你給了他們什麼方向？

台灣如果交給你這種人帶領，不知道要被你帶到哪裡去。想到這個，我們就流了一身冷汗。這倒是一個非關藍綠的問題喔！

二〇二二年三月十一日

混蛋邏輯

這幾年世界災難的焦點，從危害全世界的「武漢肺炎」，轉移到俄羅斯入侵烏克蘭的俄烏戰爭上面來。我們不禁要問，為什麼製造世界這兩個最大災難的，是中國和俄國這兩個共產霸權，而不是別的國家？

當俄羅斯獨裁者普丁野蠻發動戰爭，無差別狂轟濫炸烏克蘭平民住宅、婦幼醫院、學校、核電廠等目標時，引起全世界所有「正常」的民主國家的同聲譴責時，我們最近幾天也聽到一種奇怪的言論，說問題是美國和北約製造出來的。是北約東擴威脅到俄羅斯，所以逼使普丁發動戰爭入侵烏克蘭。但是這樣倒果為因，替「戰犯」辯解，則是混淆是非的詭辯，違反和平、人權、民主、自由的普世價值，不足為訓。中共軍機天天繞台，武力威脅台灣，甚至有一天突然襲擊台灣，是不是也可說是美國造成的？或說是台灣造成的？台灣不接受統一，是不是也可當作中共武力犯台的理由？

當烏克蘭總統澤倫斯基堅拒投降或「搭便車」逃亡；烏克蘭軍民奮勇抗敵，得到全世界各國的尊敬和大力支援的時候，台灣民間自動發起的捐款，沒幾天已經超過九億元，這代表大部分台灣人是反對俄國對烏克蘭發動侵略戰爭的。但是台灣卻還有這麼一批奇奇怪怪的人，發出這種顛倒是非的的言論。或許這是他們反美傾中的意識型態使然；或許也有一些人只是好發「異論」故作驚人之語而已。在民主社會的台灣，任何人都有言論自由。但是處於高位的權貴，最好說話要合情合理，以免暴露自己的幼稚，使自己蒙羞。那些狡猾的人避重就輕，高唱和平爛調不去說他也罷。電視報導了連勝文的言論，說他在一九九六年台灣總統選舉的「飛彈危機」時，特地從美國回台共赴國難。現在他老了，有父母要照顧。所以不可能有抵抗到底的決心。一九九六年他二十六歲。沒當過一天台灣兵，在美國過著公子哥兒的生活。我們猜想他回台灣，並非真有什麼抗敵的決心，而是當年連戰參選副總統，怕國人質疑才回來「避嫌」的。二〇二二年他五十二歲，說他老了，一副行將就木的樣子。那麼現在超過五十二歲的人，都可以有投降中共的理由了，不是嗎？說他有老父老母需要照顧，說得好像他有多麼孝順的樣子。國民黨灌輸我們小學生，岳母在民族英雄岳飛背上刺字「精忠報國」的故事，可能連小弟沒有被洗腦成功。從前常有土匪向判官求情，說他家有八十老母，請求免死。他知不知道，養出他這種兒子，父母有多丟臉、多痛苦？連公子啊！拿你的父母當你怯懦投降的擋箭牌，你以為這樣講會讓「連母」無愧於「岳母」，無愧於反共強人「蔣公」嗎？

或許連家有中國唯一的「純種中國人」的特殊基因使然，連橫替日本統治者寫

〈鴉片有益論〉，被詩社以二十五票贊成，一票反對一票棄權通過開除，逃到中國廈門說「台灣居甚可厭」；這和那個連戰連敗的「純種中國人」，在台灣被選民唾棄後，跑到中國去搞聯共制台，以及連公子的「投降有理論」，不讓你祖上的「鴉片有益論」專美於前，堪稱互相輝映，名留青史！

或許是「天然台」的好奇心使然，我在高中時期買了一套六冊的《台灣通史》。當時一個高中生的我，根本不知道歷史真相，也不懂政治的奧妙。直到幾十年後，才知道連横自己成立「台灣通史社」，在一九二〇年就出版了第一版的《台灣通史》，並請日本統治者台灣民政長官下村宏寫序。國民黨時代，這本書又被國民黨用來對台灣人洗腦。我猜這一個版本，日本人寫的序應該會先拿掉，才好獻給中國人。如今在俄國侵略烏克蘭的時候，聽到連公子的「投降有理論」，我不但氣得想將那套《台灣通史》付之一炬，也更加不齒做為詩人的連雅堂。如果今天台灣詩社有這種人，我也要投票將他開除！

台灣真正的歷史，國民黨害怕台灣人知道，視為禁忌。《台灣通史》沒有被國民黨列為禁書，反而被國民黨統治者拿來宣傳台灣人是從中國渡海來台拓荒的「中國人」，誤導台灣人的種族認知。令人感到悲哀的是，在殖民強權的壓迫和洗腦之下，既是「台灣人」也是「中國人」這種「混蛋邏輯」，到現在還讓不少台灣人的國家觀念混淆不清。也讓很多台灣人演化成「兩棲動物」。所謂識時務者為俊傑，左右逢源，兩邊通吃，這樣奧妙的政治，他們很精通。如果，我是說「假如」，有一天台灣不幸被中國「統一」，可能連家第N代又會恭請「台灣特首」替《台灣通史》寫序。這樣奧妙的兩棲政治學，你懂嗎？

二〇二二年三月二十八日

接受淬煉吧，台灣人！

「搬戲空，看戲憨」。

看過不少小說和戲劇，甚至讀過載諸史書的歷史，雖然也一樣驚嘆、一樣若有所悟，但是他人或虛構、或真實的經歷，在事不關己的時候，那只是別人的故事。直到有一天自己碰到同樣的境況，尤其是面臨同樣殘酷的遭遇時，我們才能真正懂得那些人、那些事。然後，我們才知道人性有多複雜、真實的人生有多難。

蔡英文總統出席七海園區蔣經國圖書館的致辭，引起很多評論。蘇貞昌雖然以黨內最高行政首長的地位發言，聽起來是從蔣經國白色恐怖特務治國的負面角度加以批判。顯然這和蔡英文總統的致辭，並不同調。這樣的不同調，照理說應該會引起不小的震盪才對。但不知為什麼，卻沒有激起太多波瀾。姚人多、段宜康的發言，似乎也和蔡總統唱反調。這就比較有趣。但是，聽在深綠的台灣人耳裡，順理成章，反而一點也不覺稀奇，也沒有激起深綠的同仇敵愾。是台灣人變成熟了嗎？或台灣人在長期的政治運動中，見慣政客翻來覆去的身段，變得沉穩了？又或是，台灣人懂得了政治也是一片江湖？而每個人都在這片江湖中？倒是金恆煒在自由時報的專欄透露的消息，令人有點意外。聽說在內部會議中，蔡總統乾綱獨斷，力排幕僚眾議，由李大維安排出席並做這樣的致辭。我們一直懷疑，蔡英文總統是被幕僚抬在神轎上的「媽祖婆」。但是如果金恆煒說的是真的，那我們就誤會她了。

在批評蔡英文總統之前，是不是該先搞清楚蔣經國的功過？要評斷蔣經國的功過之前，是不是該先評斷蔣介石和國民黨的功過？這個功過是應該從中國的立場或台灣的立場出發才適當？蔣經國也好，蔣介石也罷，他們能怎麼做？該怎麼做？一九四五年的台灣人該怎麼樣？能怎麼樣？二〇二二年的台灣人能怎麼樣？該怎麼樣？

中華民國憲法、中華民國國旗、中華民國國歌、中華民國國父、中華民國國號、中華民國體制、中華民國身分證、等等等等……是台灣人願意的嗎？是怎麼來的？為什麼這樣？你能怎麼樣？你拿它怎麼辦？台灣還有太多太多國民黨黨國體制遺留下來的爛攤子需要被處理。藍色司法怎麼辦？黃埔軍怎麼辦？金馬地區三千票就當立委大放厥詞怎麼辦？寧可投降中共也不願當台灣人的「外省人」怎麼辦？被洗腦成中國人的「本省人」怎麼辦？被深藍綁架的「中國國民黨」你能拿它怎麼辦？

木已成舟，情感用事，於事無補。處理這個難題，說難不難，說容易也不容易，關鍵就在一個「情」字。猶如被強姦而懷孕生下的孩子，情何以堪？是匪徒的恥辱，還是母親或孩子的恥辱？要怎麼活下去？活成什麼樣的人？這才是人生的考驗。對蔡英文總統定調蔣經國的「反共保台」說，中國國民黨那些人，直到今天還在那邊酸言酸語，還在媚共、舔共，讓台灣人把他們醜陋的面目和內心看得一清二楚。

本來我不想說破，現在想一想說破也無妨。因為中國國民黨知道也沒用。要說是民進黨的陰謀也好，陽謀也好。「中華民國」的神主牌，只是虛幻的存在。「台灣」才是結結實實、如假包換的實體存在，拿到執政權才是王道。民進黨的智囊和蔡英文很清楚這個道理，所以演出這個大戲，讓藍綠選民各自解讀、各取所需。Time changes everything! 等一切條件因緣俱足，台灣人將來要用什麼國號，那是民主國家人民的決定。律師性格的蔡英文，本來就沒有太多台灣抗爭情結。民進黨內的智囊，可以暫時拋棄情感的糾結，我不認為對台灣建國有什麼損失。我認為「中國國民黨」人並沒有笨到不能了解這一層利害得失，只是他們在台灣的存在，有太多難以割捨的共業和孽緣。說穿了，那就是：成也「中國」，敗也「中國」。是國民黨傾中媚共，自己踐踏「中華民國」的。對國民黨，我們只有一句話：活該！對台灣人我要說的話是：「忍受情感的煎熬、接受苦難的淬煉吧，台灣人！」

二〇二二年一月二十八日

台灣人要相信自己

台灣為什麼是奇蹟之島？據說在冰河時期，地處亞熱帶的台灣成了許多動植物的庇護所。而冰河期後溫度上昇十幾度，台灣如東亞屋脊的中央山脈，超過三千公尺的高山就有兩百六十八座，又成了冰河孑遺生物的棲息地。這南北走向的中央山脈，擋住西南氣流帶來的雲雨帶，造成四千五百公釐的年降雨量，這是比平地多二到四倍的降雨量，涵養了數百萬棵檜木林，也穩固了不斷上昇的高山土壤。這是四百多年前大航海時代，葡萄牙水手遠觀的福爾摩沙美麗之島。台灣天生就是這樣自己創造自己生命的奇蹟之島。

但是不幸的是，這片美麗的土地，四百年來，屢遭外來政權入侵。荷蘭、西班牙、鄭成功、滿清、日本、中國國民黨，一個比一個凶，一個比一個壞，現在還面臨一個更壞的中國共產黨的併吞威脅。台灣居然和冰河期一樣，也成了各種政治動物的庇護所。

明明是要把台灣生吞活剝的敵人，卻有人要把他當祖國來勾結；明明是被黑道劫持操弄的神明，卻有愚昧的信徒去膜拜、去「鑽轎腳」；沒有信仰的政客，甚至是總統級的政客，為了這種品質的選票去抬「神轎」。這樣的政治生態，就是今天我們看到的怪現象。這一次國民黨和地方金權宗教惡勢力勾結，操弄愚昧的選民，把一個認真、正派的小黨委員罷免。傾幾十年全部的邪惡力量總動員，對付一個剛出道、孤軍奮戰的陳柏惟，也只贏了3%的罷免票。這絕對不是邪惡勢力可以自豪的勝利。我也不相信這樣違反天理的現象，是台灣這個奇蹟之島的正常現象。老子有言：「飄風不終朝，驟雨不終日。」意思是反常的現象，只會短暫出現，而且終將消弭。但是，台灣這個奇蹟之島，會容得下冰河孑遺一樣，容得下這些奇奇怪怪的政治動物，就如我們看到很多過去自外於台灣主流民意的失意政客，在時間的長河中，慢慢地自生自滅。這樣的人我就不在此一一列舉了。

難道台灣人不是從這樣嚴酷的環境中成長茁壯的嗎？很多外國人看不懂台灣人，受那麼多不合理的凌虐，卻還能吞得下這口氣，吃得了這些苦，甚至還保持傻呼呼的天真和善良，與邪惡共存。而更神奇的是，最後還能活得下來，越變越強大。為什麼外國人認為台灣最漂亮的風景就是人？為什麼有人認為台灣是塊福地，莫名其妙的幸運常常降臨這塊土地上的人民，包括那些理該被天譴的惡人。是迷信乎？是真的「天公疼憨郎」乎？還是台灣人性格裡，有諸種奇妙的混合，造就了這個奇蹟之島的人文環境，演化出有時令人又痛恨、又好笑，拿他沒辦法的「呆丸郎」？

台灣人，你了解自己嗎？你相信自己嗎？你相信是「天公疼憨郎」嗎？請你看看自己是屬於「自己創造自己生命奇蹟」的物種，或屬於那種「冰河孑遺」的物種。不管你是哪一種，我都祝福你。只因你有這樣的幸運生在這裡、活在這裡。就像那「櫻花鉤吻鮭」，最後也成為被稱做「台灣鮭」的國寶魚一樣，為台灣所珍惜。

二〇二一年十月二十六日

狗的聯想

一代天驕柯文哲，最近以一句「誰家的狗」，罵「民眾黨」立委賴香伶辦公室主任林恕暉（也是民眾黨黨員），讓賴香伶非常不滿，公開抨擊柯文哲。

當初柯文哲接收了太陽花運動一部分不滿國民黨也不滿民進黨的游離選民，橫空出世。知道自己沒有班底，所以就拼命招降納叛，拉攏一些他黨的游離分子，企圖打造自己的柯家軍。他曾經說，他專收「流浪狗」，得意地把自己捧為善心人士，卻毫不顧忌地侮辱傷害替他賣命的人。為了延續自己的政治生命，成立「民眾黨」後，對「流浪狗」需求更殷。現在居然罵自己的主委和黨員「誰家的狗」，一代天驕的智商，還真是高到難以形容！這個沒有中心思想的主席，最初騙了綠色選民而當上台北市長；後來成立了一個沒有中心思想的黨，騙不到綠色選票了，就想搶藍色的選票。因為今年台北市長選舉，是他個人政治生命和「民眾黨」的生死存亡之戰。曾是新黨黨員，又是親民黨黨員的黃珊珊，卻成了他和「民眾黨」的救生圈。她在柯文哲心中，是不是「流浪狗」我不知道。但和蔣萬安對比，黃珊珊不像狗，卻像狼。有一個蒙古國的詩人，告訴我狼和狗的最大差別是，一隻狗如果被捕獸夾夾住腳，牠只會待在原地，等候牠的主人來救牠。但如果是一隻狼，牠會咬斷自己被夾住的腳脫困。蒙古人自認是狼的後代，以狼性自豪。有些中國人，尤其是中共戰狼，也以狼性自豪。「厲害了我的國」，就是這種狼性的吼叫，把台灣人當羊，乃至對美國的挑釁，都是狼性發作的極致。其實在中共專制獨裁政權下當差的，或在台灣恐共傾中的，怎麼看都像狗，一點也不像狼。

狼和狗各有天性，其實沒有狼高狗低的道理。英國作家傑克倫敦寫了一本名著《野性的呼喚》，書中的主角是一隻大狼狗。這隻狗歷盡不同主人的善惡冷暖，和環境命運的殘酷考驗，最後成為狼王回歸莽野。這個故事，是作者對人性演化變壞的反省。變壞的人，比狗還不如。達爾文物種演化論，提出人是猿猴演化而來。這一點抵觸了「上帝依自己的形象造人」的信仰，讓他成了異端。其實主要的問題倒不在形象，而在人性到底是神性或獸性的暗示。「用進廢退」、「適者生存」的學說，變成西方殖民帝國侵略落後國家合理化的學說，說到底這也是人類「神性」和「獸性」的分歧。現代文明，自由、民主、平等、人權，之所以成為普世價值，並不是想讓人性從狼馴化成狗；或像《野性的呼喚》中的反諷結局，讓狗變回狼。在人類文明進化中，人類必須超越叢林法則的獸性，向神性進化。同時在殘酷的競爭中，人類必須保有獨立、自尊、勇敢、純潔的品格，但必須去除殘暴不仁的獸性，成就尊貴的人性，並向崇高的慈愛的神性進化。

柯文哲既收養流浪狗，又侮辱狗。利用「流浪狗」替他打天下，卻又不懂得珍惜，像極了傑克倫敦在書中描寫的壞主人；依賴不是民眾黨黨員具有狼性的黃珊珊，替民眾黨出戰市長選舉，又很像依賴救援的狗。他屈從中共專制暴虐、活摘器官的非人道政權，不但沒有獨立、自尊、勇敢的狼性，和向更高的神性昇華的理想，反而是將自己從人性降格為獸性。從這樣可悲的墮落看來，他連當狗的好主人都當不起哩！

二〇二二年四月十六日

民報文化藝術叢書4　PF0342

台灣精神的淬煉

──陳銘堯政論集

作　　者／陳銘堯
責任編輯／石書豪、廖啟佑、尹懷君
圖文排版／黃莉珊
封面設計／王嵩賀

出版策劃／獨立作家
發 行 人／宋政坤
法律顧問／毛國樑　律師
製作發行／秀威資訊科技股份有限公司
地址：114 台北市內湖區瑞光路76巷65號1樓
電話：+886-2-2796-3638　傳真：+886-2-2796-1377
服務信箱：service@showwe.com.tw
展售門市／國家書店【松江門市】
地址：104 台北市中山區松江路209號1樓
電話：+886-2-2518-0207　傳真：+886-2-2518-0778
網路訂購／秀威網路書店：https://store.showwe.tw
國家網路書店：https://www.govbooks.com.tw

出版日期／2023年7月　BOD一版　**定價**／320元

|獨立|作家|
Independent Author
寫自己的故事，唱自己的歌

台灣精神的淬煉：陳銘堯政論集 / 陳銘堯作. --
一版. -- 臺北市：獨立作家, 2023.07
面；　公分. -- (民報文化叢書；4)
BOD版
ISBN 978-626-96628-9-0(平裝)

1.CST: 陳銘堯 2.CST: 政治 3.CST: 言論集

570.7　　112004081

國家圖書館出版品預行編目